あなたと働きたいと言われる42のルール

天川 勝志 著
Amakawa Katsushi

同友館

はじめに―大切なことは誰も教えてくれない

　皆さんは、この1年くらいの間に、「その主体的な取り組み姿勢、いいねえ！」「レスポンス早く、スピード感あっていいねえ！」などと、学業成績や職場での業績評価など以外のことで、褒められた記憶がありますか。もしくは、反対に、「その片づけ方、だらしないよ」「そんな他人事のように言うのではなく本気で考えてよ」などと指摘を受けたり、叱られたりした経験はありますか。業務上、厳しい躾が求められるところなら、片づけ方などは指導を受けるかもしれませんが、通常こうした指導を受けることはあまりないと思います。もし、このような指導をしてくださるとしたら、ほんとうに皆さんの成長を考えてくださっている上司・先輩だと思います。そうでなければ、このような「小言」を言ってくれるのは、親や兄弟姉妹くらいではないでしょうか。

　私たちは、国語、数学、英語など、学業に関することは、科目ごとに小学校から大学に至るまでずっと評価され続けてきました。大学までならほとんどの人は6年、3年、3年、4年として、16年間、評価され続けてきたわけです。

　しかし、**本書にて取りあげているような能力・スキルについては、必ずしも評価されたり、フィードバックを受けたりする機会があまりなかったのではないでしょうか。**

　デキる人は小さい頃からできている、デキない人は社会人になってもできていない。そして、何よりも問題なのは社会人になると、こうしたことはあまり注意しにくいので、入社1年目の新入社員でもなければ、もう注意もされなくなってしまうわけです。したがって、**デキる人とそうでない人の差が大幅についてくるわけです。**そして、何かがデキない、もしくは他の人たちより劣っていて、それが周囲に著しく迷惑をかけるようになると、「○○さん、厳しいよね」なとど酒の席などでの愚痴になるといったところでしょうか。

本書では組織人としてのゴミの捨て方にも触れていますが、ここで正しいゴミの捨て方を学んでもらおうというわけではありません。目指しているのは、チームとして、組織人としての正しい仕事の進め方に関する考え方を学んでいただきたいのです。たとえば、「そのゴミの捨て方、いいねえ！」なんて褒められたりしませんよね。しかし、私は「そのゴミの捨て方、非常にいい。皆にも紹介してください」なんて褒めることがあります。ゴミの捨て方なんて、評価されたことはないですから、学生本人も意外な表情を示します。しかし、評価されないからこそ、個々人の素の姿が見えてくるんです。

　私はキャリア教育の教員をしていますが、特に、他者へのはたらきかけや配慮のある言動に対しては褒めます。また、社会人として厳しいと思われる言動は、社会人の先輩という立場を伝えたうえで、指摘させてもらっています。

　こうしたときにいつも思うことは、考え方を学びとってほしいということです。たとえば、ゴミの捨て方であれば、後工程の人がスムースに片づけられる捨て方です。そして、それがなぜ大切かということを考え、理解してほしいということです。

　考え方を学びとってほしいということが、本書の一貫したメッセージです。

　先生や師匠が型を見せ、それを真似することは一定の時間とトレーニングを積めば、近づけると思います。しかし、その先生や師匠の心を学び取ることは大変困難です。なぜなら、自分で考えなければならないからです。

　ある茶道の先生から、こんなぼやきを伺ったことがあります。そこの生徒さんたちは接客のお仕事に就いている社会人の方が多いようですが、立ち居振る舞い、お点前などは見事なまでに正確に学びとり、覚えてくれるそうです。しかし、お稽古が終わると、生徒さんたちが我先にと玄関に向かうそうです。先生のご自宅で行っているので、どうしても玄関が混雑し

ます。その混雑を回避し、早く帰りたいわけです、自分が……。しかし、こうした行動が変わらなければ、茶道で何を学んでいるのかと先生はがっかりされますね。人との出会いを大切にして、おもてなしの心を学ぶわけですから、無理はありません。

　型を覚えることはどんな稽古事でも必要です。しかし、もてなしの心を学ぶことは容易なことではありません。大切なことは、自分で学びとっていかないといけないのです。誰も教えてはくれないのです。つまり、自分で考えていくしかないのです。

　お笑い芸人テツ＆トモさんのコントに、「なんでだろう」というのがありました。社会人になったら、もう先生はいません。つまり、「なんでだろう」と自分で問いを立て、仮説をつくり、確からしい答えを見つけていかなければなりません。精神的・経済的な自立とともに、「思考的自立」を果たしてほしいのです。

　そして、「いっしょに働きたい仲間」に選ばれるかどうか。

　お客様のニーズ、上司・先輩、周囲のメンバーの働きやすさを考えながら働ける人材、こうした人材は周囲からも愛され、「○○さんといっしょに働きたい」と選ばれる人材なのだと思います。皆さんにこのような人材になっていただきたい。そして、私もこうした人材を育てたい。これが私の希望です。

　部門を異動しても、転職しても、「○○さんでよかった」「実は○○さんといっしょに働いてみたかった」などと評される人材になってほしいのです。

　そんな人望のある人材になるべく、本書を手に取った皆さんが、思考的自立を果たし、「いっしょに働きたい仲間」に選ばれるお役に立てれば、こんなに嬉しいことはありません。

　最後になりますが、本書を執筆する機会を与えてくださるとともに、多数の有益なアドバイスをいただいたダンコンサルティング株式会社の企画・出版コンサルタント村上聡氏に心より御礼申しあげます。

■■■ 目　　次 ■■■

序　章 ｜「一生モノ」の考え方を身につけよう

第1章 ｜「正確」にこなそう（＝完璧力）

第2章 ｜ 健全な社会性を身につけよう（＝社会ルール順守力）

序　章

「一生モノ」の考え方を身につけよう

知識ではなく、考え方を身につける

　この本は、若きビジネスパーソン、およびこれから社会人となる学生の方たちに、社会・組織で働くにあたって大切な考え方を修得していただくために書かれたものです。

　就職すると、特に新入社員のうちは、覚えることも多く無我夢中で読書もしなくなってしまいがちです。テレビ等でコメンテーターとしても活躍されていらっしゃる明治大学の齋藤孝先生は、著書『人はなぜ学ばなければならないのか』（実業之日本社、2016 年）の冒頭で、「現代の日本人は生きる呼吸が浅くなっている」と指摘されています。「生きる呼吸が浅くなっているとは、すぐに見返りを得られる勉強しかしなくなっている」ということです。私もまったく同意見です。すぐに得られる知識は、その時点では有用性も高いものです。しかし、すぐに陳腐化してしまうものともいえます。

　この本で皆さんに提供したいのは、「一生モノ」の考え方です。どれだけスピード感が増し、すぐに得られた情報や知識が陳腐化しても、自分の頭をフル稼働させ、正確に仕事をこなす、困難な課題にも向き合うことのできる、そうした技やコツを提供していくものです。

デキる学生、厳しい学生ー2分されてしまう

　2013 年よりこれまでに、授業外で 1,000 人以上の学生（大学生・短大生）の就職支援、個別相談に対応してまいりました。毎日 3～5 時間、およそ 4 年間で 3,000 時間以上におよぶと思います。2,3 回程度の面談で内定する学生もいれば、10 回以上面談しても苦戦する学生もおります。2,3 回程度で内定する学生は、相談内容も具体的で、なおかつ目的も明確です。たとえば、「今日は○○株式会社のエントリーシートを書いたので添削してください」とか「明後日の最終面接の練習をお願いします」など、簡潔に相談内容を説明することができます。しかし、就職活動というタスク自体があまりにも大きすぎて、「どこから手をつけてよいかわからない」、「ど

2

うしたらいいのかわからなくなってしまった」など、学生の言葉を借りれば、「ふわっとした相談」も珍しくありません。

　いまはどの大学でも就職対象学年の学生に対して、自己分析、業界・企業研究、マナー・立ち居振る舞い・メイク、エントリーシートの書き方、面接・グループディスカッション対策、一般常識・適性試験対策など、手厚い就職支援講座を開講しております。私も、キャリアデザイン関連の授業のほか、エントリーシート対策、業界研究、面接・グループディスカッション対策などの講座を、複数の大学で担当しています。内定率が高校生やその保護者にとって、大学選びの重要な指標になっていることもあり、こうした手厚い就職支援講座が基本的には無料で開講されています。それでいて内定できない学生がいるのは、なぜでしょうか。

　リクルートワークス研究所の「第34回ワークス大卒求人倍率調査（2018年卒）」によれば、2018年3月卒の求人倍率は1.78倍となっており、2016年、2017年とほぼ同水準で推移しています。つまり、この数年、統計上は会社を選ばなければどこかに内定できるわけです。確かに学生の大手志向、職種偏向（事務職以外は就きたくない）などの事情もあります。しかし、こうしたこだわりがなくても苦戦する。ここに問題があります。

些細、些末なことで損をしていないか

　授業・講座、個別面談などにて、学生の様子や反応を見ていると、社会人になるにあたり、気になることが多々あります。「これは厳しいなあ」と呟きたくなるシーンです。たとえば、授業では先週の配付資料がなかなか見つからない、机の上に消しゴムの消しかすを置いて帰る、アイコンタクトや頷きができない、遅刻をしても堂々と前から入室してくる、ペンケースなどをよく落とす、レポートを提出すれば担当教員名は間違っているなど（私は天川と申しますが、天野、雨川、甘川、天宮なんて名前が登場します）、あげればきりがありません。

　こうした行動は社会人であれば厳しく叱られるわけですが、学生の身分

であるうちは、特に誰かに迷惑をかけるわけではありませんから、誰からも注意を受けないわけです。しかし、こうした日々の行動を見て、些細なところで損をしているなあと感じます。「一事が万事」なんて諺がありますが、学生を見ておりますと、概してこの諺どおりのケースが多いです。レポート表紙の教員名を間違えていればその中身もいわゆるコピー＆ペーストであったり、挨拶ができなければ明確な志望業界なども言えなかったり……。

　こうした行動が問題なのは、なかなか本人に自覚がないことです。些細なことといえば、些細なことなのです。しかし、そうした行動を問題だとは思わない、もしくは何も感じない意識、思考はきわめて問題だと思います。なぜ教員の名前を間違えるのか、なぜ配付資料がすぐに出てこないのか。たとえば、こうした問題のある学生を見ていると、整理整頓ができていなかったり、確認を怠ったり、調べるのが面倒であったりという特徴が浮かびあがってきます。つまり、能力の問題ではなく、普段の意識や習慣の問題であることがほとんどなのです。

　能力の問題であれば、個人差があるので、仕方ないともいえます。私だって、難しい数学や物理の問題など解けません。しかし、先のようなことは、本人の考え方しだいで改善できるわけです。

求められる「自己相対化力」

　私がいまの学生にもっとも身につけてほしい能力は、「自己相対化力」です。周囲の仲間、アルバイト先での社会人などを観察し、対話し、自分との違いを見つけ、「もしかして自分は板書のスピードが遅い」「お客様への態度がやや無愛想」など、周りの学生、社会人の行動などから、自己課題に気づいてほしいのです。勉強のことなら、友だちからアドバイスをもらえるでしょう。しかし、こうした意識・意欲、印象などの問題は、本人がいないところで批判されることはあっても、本人にはなかなか面と向かっては言ってもらえません。こうしたことを言ってくれるのは、親や兄弟姉妹と

一部の親しい友だちくらいでしょう。

　こうした事情もあり、なかなか改善行動を起こすことが難しいわけです。そして、些細なことだからこそ、注意もされませんし、自分自身でも気づけないわけです。そして、就職活動時期になってはじめて困ったり、なぜ自分が面接で通過できないのかがわからなかったりするわけです。つまり、就職活動の時期になり、はじめて学習以外の生活習慣、社会性、人柄といった項目に関する自己課題と向き合うことになるわけです。

基盤なくして社会人基礎力なし

　このように考えると、「入社後に求められる社会人基礎力を育成する前提としての基盤」をどこかで育成しておかなければなりません。しかし、そんなことを教える教育機関はありません。

　私だって、いきなり学生に、「その髪型は厳しい」とか、「その表情はよくない印象を与える」なんてことは言えません。ある程度、学生との関係性が構築できたかなと思った時点で、指摘させてもらっています。また、いまは学生同士でも、お互いにそうした指摘をしあわない傾向にあります。

　しかし、小さい頃のことを思い出してみてください。保育園・幼稚園などで、「人の嫌がることはしない」、「自分がされて嫌なことはしない」、「誰にでも元気よく挨拶する」なんてことを学んだ記憶がありませんか。こうしたことは、幼少期に修得しておかなければならないことです。しかし、大学にいる限りは、注意もされず、放置されているわけです。

自分のことがいちばんわかっていない！

　私は、学生との個別相談に、はじめての学生の場合、最低1時間、長いと2時間くらいかけます。これは学生自身の自己課題に気づかせるため、さまざまな質問を投げかけ、考えさせるからです。授業の合間、授業終了後の夕方以降は、こうした相談を受けています。根気のいる仕事ですが、必ず複数回訪れるところを見ると、どうやら私の「説教」も嫌ではないようです。

就職活動では、社会・企業の求める人材像などが紹介され、コミュニケーションスキル、主体性などのキーワードがしばしば取りあげられます。これもそのとおりです。しかし、私は、まず「自分がいっしょに働きたい仲間になっているか」という問いを投げかけます。睡眠時間を除けば、実はもっとも多く接するのは、職場の同じ部門の仲間です。家族と話すより、職場のメンバーと話したり、行動をともにしたりするほうが多いのです。そうだとすれば、嫌なことでも率先して行ってくれて、明るく朗らか、好き嫌いもなく、へんなクセもない、まずはこんなところが大切なのではないでしょうか。

　そのためには、まず自分がどのように見られているのかを知ることです。私は恥ずかしながらこの年になり、自分のことを実は自分がいちばんよくわかっていないと思うようになりました。そうであれば、学生が自分のことをわかるはずもありません。

　そこで、本書を通して、それぞれのテーマについて、自己相対化力を意識し、自己のこれまでの行動を振り返りつつ、成長のための技を修得してほしいと考えました。それぞれのテーマの冒頭に、「❌○○VS❤△△」とあるのは、自己を相対的に振り返り、どちらに近いのかを考えてほしいからです。本書には皆さんに提供する技やコツが42項目あります。それぞれの項目について、自分の普段の行動を振り返りながら、読み進めていってください。なお、自己相対化力とは、チームや組織のなかで、他者と自分を比較し、自分の出来具合、立ち位置等を相対的に見極められる力です。

【本書の目的】

　本書の目的は3つあります。

1.　一流の社会人になるための基盤の修得

　次の8項目を「一流の社会人になるための基盤」とし、合計42の技・コツをご紹介しています。これらの基盤を修得し、「いっしょに働きたい仲間」、すなわち、組織でいうチーム貢献度の高い人材を目指します。

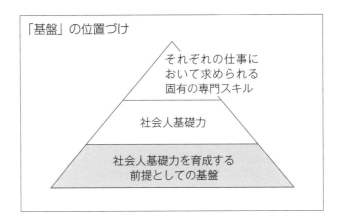

なお、「基盤」という言葉を使いましたが、基盤は、社会人基礎力、各種仕事の専門スキルを下支えする、さらに底辺にあるものです。

①「正確」にこなそう（＝完璧力）

②健全な社会性を身につけよう（＝社会ルール順守力）

③コミュニケーションのマナーを知ろう（＝対人力）

④主体性を発揮しよう（＝自分事力）

⑤効果的な伝え方を活用しよう（＝発信力）

⑥成果をあげるための思考のコツ（＝自立的思考力）

⑦最後までやり抜こう（＝耐力）

⑧10年間をデザインしよう（＝キャリアデザイン力）

2. 自己相対化による自己課題の発見、見える化

　問題認識がなければ、改善行動に向かうこともできません。42の技・コツのなかでは、「❌○○○VS❤△△」として、どちらの人材が高い評価を得られるかを評価・検討しながら読み進めることになります。こうした人材像を通し、自分がどちらに近いのか、普段の行動を思い浮かべながら、自己課題の発見に努めてください。

3. よい思考・行動の習慣化

　大切なことは、よい思考・行動の習慣化です。習慣化された思考・行動は一生使えます。定年延長が段階的に進み、65歳まで働くとします。大卒ですとおよそ40年以上働くことになります。雇用形態はもっと多様化するかもしれませんが、40年以上使える技をここでしっかりと修得し、習慣化してほしいのです。習慣化したものは簡単には崩壊しません。ここで一生使える武器を手に入れてください。

【本書の読み方】

　各節には冒頭に「**Ⓧ**○○VS**Ⓨ**△△」があります。自分がどちらに近いかを自己評価したうえで、読み進めてください。評価はいずれも、1〜5の5段階評価です。

　また、巻末にあります「自己評価一覧表」にも評価を転記してみてください。自分の強み・弱みの発見に役立つと思います。

　各節には原則として、演習問題があります（一部ない節もあります）。なお、解答は本書に書き込んでも、ノート等にまとめてくださっても構いませんが、必ず取り組んでください。これは本書を実践の場で活用してほしいという意図です。机上の学びで終わらせないためにも、仕事や学びを振り返りながら取り組んでみてください。

　なお、演習問題に関しては、学生の皆さんには取り組むことが難しい問題もありますので、ビジネスパーソン、学生に分けて取り組んでほしい対象者をチェックボックスで示しています。もちろん、チェックがなくても、適宜問題を読み替えて取り組んでいただいても構いません。

　また、各章の最後には、「チェックリスト」があります。自分自身の内容理解、定着度を見える化するため、活用してください。

【想定している対象読者層】

　読んでいただきたい対象の方は、主に次のとおりです。

1. 若きビジネスパーソン
2. 就職を控えた大学生、短大生、専門学校生、および内定を獲得した学生
3. こうした方々を日頃より支援してくださっている教職員、キャリア支援・就労支援スタッフ、職場の OJT 担当者、保護者の方など

　本書には、協働するための基盤を固める技やノウハウが詰まっています。これから社会に出る皆さんには些細なところでつまずかないためのコツの修得、若い方々を支援する立場の方にはどのようにサポート・育成すればよいかのヒントの発見にそれぞれ役立つと思います。

　自分にとって大切なことは、誰も指摘してくれないのです。だから、自分で気づくしかないのです。そして、気づいたことを言葉で表現し、見える化する。この繰り返しだと思います。こうして自己を客観視し、改善に向かう。そのためにも、振り返りが大切です。こうしたことを習慣化してください。

　本書で取りあげたものは、仕事ではもちろん、学習活動や就職活動でも求められます。そして、意欲・意識に関わるものも多数含まれています。つまり、本書を通じて、皆さんの考え方を変えていただきたいということです。そして、考えること、よい思考・行動を習慣化してほしいということです。

　なかには、就職活動で苦戦する学生もいます。しかし、ちょっとした「技」を修得することで、必ず内定します。いままで例外はありませんでした。その「技」の数々をご紹介していまいります。

　私が本書で目指すのは、思慮深く、自分で考えられる人材です。自分で考え、他責化することなく、最後まで逃げずにやり抜く人です。

　本書が皆さんの思考・習慣を変えるきっかけになれば幸いです。

第1章

・・・・・・・・・・・・・・・・・・・・・・・・・・・・・

「正確」にこなそう（＝完璧力）

1 すべてを正確に理解する
―仕事に99点はない―

Ⓧ レポート課題をすべて汲める人　VS　Ⓨ レポート課題を漏らしてしまう人

5	4	3	2	1
Xに近い	どちらか というと Xに近い	どちらとも いえない	どちらか というと Yに近い	Yに近い

仕事は100点か0点しかない

このテーマを最初にもってきたのは、もちろん最重要だからです。

学生の話を聴いていると、「あの店、気が利かない」「使えない」なんてことをよく耳にします。いまは、どのお店に行っても親切で細かな気配りが当たり前になっています。そうした対応・接客に慣れてしまっていますから、ひとつでも不備があると、このような反応になってしまうのでしょう。たとえば、コンビニでもヨーグルトとお弁当を買えば、「スプーンとお箸をつけますか」、「お弁当は温めますか」、「温かいものと冷たいものをお分けしますか」、「ポイントカードはお持ちですか」など、まさに行き届いたサービストークを受けることになります。お客様は、YES／NOを答えさえすればいいわけです。

私のような社会人であれば、「競争が厳しいから大変だなあ」なんて思うかもしれませんが、学生は容赦しません。そして、友だち同士で先のようなことを雑談しあうわけです。

学生が言っていることは、確かに間違いではありません。仕事はすべて

できて当たり前、100点しかあり得ないのです。何か少しでも不備があれば、マイナス5点減点で95点となるのではなく、0点になってしまいます。

それでは、ここで考えていただきたいことがあります。100点満点をとっていくには、まずどのようにすればよいのでしょうか。

正確なレポート課題の提出、確実な仕事の実行、そのためには何がもっとも大切なのでしょうか。私は相手の依頼を丁寧かつ正確に聴き取る、もしくは読み込むということに尽きると思います。

たとえば、キャリアデザイン系科目の授業で、次のようなレポート課題を出すことがあります。

〈レポート課題〉

> 高校生のときの学びを振り返り、高校と大学の学びの違いとはどのようなものであると思うかを述べなさい。その際、大学での学びが将来、どのように役立つと考えるかについても述べなさい。

こうした課題を出すと、この要件を正確に読み取り、レポートを提出してくる学生は、2〜3割程度です。上記のレポート課題には、次のような要件が含まれています。
①高校生のときの学びを振り返ること
②高校と大学の学びの違いを述べること
③大学での学びが将来、どのように役立つかを述べること

すべてを聴き取り、すべてに応える

依頼していることは、この3つです。程度・内容の差こそあれ、この3つの解答がすべて含まれていなければ、本来であれば、評価は「不可」です。先のコンビニの例と同じです。ひとつでも不備があれば、ダメと評価するわけですから、「0点」と判断されても仕方ないわけです。

お願いしたいことは、課題や仕事を受けるとき、正確かつ丁寧に聴き取る、読み取ることを習慣化してほしいのです。そして、そのためには、「分

解する」ことです。先のような課題であれば、文節等の単位に分けてみればいいわけです。そして、求められていることがいくつあるのか、確認することです。仕事であれば、先輩からの仕事の説明が終了した時点で、「先輩、依頼事項は３点ですね」と確認があれば、先輩は非常に安心しますし、正確に聴いているなあと評価されることでしょう。つまり、依頼する側としては、「確実にデキる新人」としてその人の情報がインプットされるわけです。しかし、その逆を想像してみてください。３つの依頼事項のうち、２つしかできない。すると、依頼する先輩としては、よく条件を聴き漏らすので、「あてにならない新人」という印象がインプットされてしまうわけです。

　こうしたことが、２回続くと、確定的な評価を受けてしまいます。１回の失敗であれば、１つの点に過ぎません。しかし、同様の失敗が２回続くと、相手には、「失敗①」と「失敗②」がつながってしまうわけです。すなわち、「点」から「線」になり、「あの新人はミスする可能性がある」「お客様と接するには危なっかしい」などという印象が植え付けられてしまうわけです。これはきわめて損です。こうなると、新しい仕事を任される機会も減りますから、自分としても同じ仕事ばかりで飽きてしまい、ポカミスを繰り返すという悪循環が回り出すわけです。

仕事に惜しいという考え方はない

　また、注意したいのが、但書、なお書きといわれる部分です。学生には落とし穴と思われてしまうようですが、留意してほしいので、但書やなお書きとして、本文と切り離して書いているわけです。しかし、通常は最後のほうに書いてありますから、読むのが面倒になってしまうようです（面倒くさがるという問題点については、次の節で扱います）。そして、見落としてしまい、大切な条件が漏れたアウトプットが出てくるわけです。

　こうしたことを回避するためにも、大切なことは「すべて」ということです。そしてこのことに例外はありません。クライアントから提示された

仕様書に、20 項目の要件が記載されていれば、20 項目すべてを順守した企画書を提出して当たり前です。仮に 19 項目を守っていた会社と 8 項目しか守れていない会社があったとしたら、どちらも 0 点、評価対象外ですね。19 項目守れていたから惜しいなんてことにはなりません。これは一流のビジネスパーソンには共通に浸透している考え方だと思います。

　大切なことは、「すべて」ということです。そして、このことに関して「例外はない」ということです。

> **技1**
>
> 文節単位などに細かく分解して、依頼事項をすべて正確に読み取る（聴き取る）

【演習 1】（■ビジネスパーソン・□学生）

　明日、上司・先輩から受けた指示・依頼事項などについて、何項目のポイントがあるか確認しながら、指示を受けましょう。そして、それを振り返ってみましょう。

〈指示・依頼事項のポイント、振り返り〉

項目	記入事項
上司·先輩からの指示·依頼事項	
ポイント数を確認し、それを伝えたときの上司・先輩の反応	
振り返り （気づいたこと）	

2 ファイリングをばかにしない
―必要な資料がすぐに出てこなければ 引き出しはゴミ箱と同じ―

ゴール

資料、データ類などは、科目、案件ごとに管理する習慣がついている

Ⓧ 必要な資料を30秒で出せる人　VS　Ⓨ 必要な資料を出すのに3分かかる人

5	4	3	2	1
Xに近い	どちらかというとXに近い	どちらともいえない	どちらかというとYに近い	Yに近い

仕事としてのファイリング

　社会人の方はお客様から預かった書類を思い浮かべてください。学生の皆さんは授業の様子を思い浮かべてください。書類の内容は何でも構いません。

　授業で、「先週の続きをやるので、先週の配付資料を出してください」と声をかけると、面白いことが起きます。こちらは資料を出すのに30秒程度の時間を想定しているわけですが、そんなわけにはまいりません。確かに早い学生は30秒程で用意できますが、遅い学生は3分程度かかってしまいます。何をしているかというと、全科目の配付物が入った2,3のクリアーケースから、がさがさと該当の資料を探し始めるのです。見ると、あらゆる科目での配付物が雑然と放り込まれています。厚さは2〜3センチ程度になっています。そのなかから、必要なものを1枚ずつ、カンを頼りに探すわけですから、3分程度を要するわけです。ほかの授業でもこんなことをしているものと思います。毎回、こうして探すより、科目ごとにファイルを分ければはるかに探す時間も減るし、授業にも集中できるのに

17

なあと思います。

　しかし、学生に尋ねると、例外なく次のような答えが返ってきます。

　「面倒くさい」というものです。

　そこで私からの「社会人としての説教」が始まります。こうしたときは学生に、「私は教員としてではなく、社会人の先輩として伝える」と断りを入れます。そして、次のようなことを発信します。

> 　仕事って面倒なことの連続だよ。お客様の好みをお聴きし、シートに記入し、プリントアウトし、お客様と確認し、問題があれば訂正し、再度確認。古いシートはシュレッダーにかけ、確認したものは、ファイリングし、施錠できるキャビネに保管する。でも、こうした面倒なことをお客様に代わって行うから、お金をいただけるんじゃないかな。

　こんな些細な出来事からも、仕事と学びには関連があり、ファイリング、ノート整理などは、整理整頓、要約力をトレーニングすることもでき、将来の役に立っているということを伝えています。

ルールに則りファイリング

　ファイリングは貯めてしまうと大変ですが、予め科目ごとにファイリングするとか、ウィークリー単位で整理するとか、ルールさえ決めておけば簡単なことです。しかし、ファイリングのルールを決めていないのです。

　受け取った資料を科目別にファイリングするには、①科目数分のファイルを用意する、②ファイルに科目名を記載する、③授業終了後、当該ファイルに収納するといった3つができれば、後で探すのもスピーディです。しかし、これらが習慣化されていないと、こうした些細なことが面倒になってしまいます。もらった資料を1つのクリアーケースに入れるだけなら簡単です。でも、後で探す手間を考えれば、科目別のファイリングのほうがいいに決まっています。つまり、先に大変な思いをするか、後で大変な思いをするかだけの差です。

探す時間はお客様にも価値を生まない

　学生のうちは、自分だけの問題です。しかし、社会人となれば違ってきます。会議等の場であれば、自分だけおいていかれる、あるいは皆を待たせて進行を妨げることになる。どちらにしても問題です。また、資料を探す時間などは、お客様に価値を生む時間ではありません。1分ムダにしても、それが社員1,000人の会社であれば、1回で1,000分のムダになります。経営側から見たら看過できない数値になるわけです。

　紙のファイリング、パソコン内のフォルダ管理、双方ともにルールを決めて、概ね30秒以内に出せるよう、ファイリングのルールを決めてください。学生であれば科目ごと、社会人の方であれば案件ごとなどとし、30秒以内で出せるか、試行しながら、精度を高めてください。

　繰り返しになりますが、**必要な資料、情報を探す時間というのは、基本的にお客様に価値を生まない時間です。**パソコンのデスクトップ上に、保存文書のアイコンがたくさんある人も、フォルダを作成し、整理してください。

　「手間を惜しまない」、「面倒くさがらない」、これらは若いうちに習慣づけておいてほしいことです。それに仕事って、本来面倒なことを引き受けるから、お客様からお金をいただけるのではないでしょうか。

My rule の策定

　これは私のいわば My rule ですが、私も面倒くさがりなところがあります。そのため、週に1回15分、ファイリング、資料整理の時間をいつも手帳にブロックしてあります。こうしていると、山のような資料から探すということはしなくても済みます。

　ひとつだけ注意点を申し添えます。時々、社会人の方でファイリングが目的になってしまう方をお見受けします。ファイリングはあくまで必要なものをスピーディに出して仕事をこなすための手段に過ぎません。最近、ファイル類もサイズ、カラー、仕様などさまざまで凝りたくなる気持ちも

理解できなくはありません。しかし、あくまでお客様に付加価値を生まない時間です。ムダな時間とコストをかけるべきではないと思います。

　使用する頻度等も勘案しながら、すぐに出せるファイリング区分を考えてみてください。

> ### 技2
>
> 最初に区分の基準を決める

【演習2】（■ビジネスパーソン・■学生）

書類、パソコン内のデータ整理などを定期的に行う曜日と時間を決めましょう。毎週金曜日の 18:00 とか、隔週水曜日など、担当業務に応じて決めてください。

〈書類整理日〉

曜日		時間	

3 記入事項の確認を怠らない
―いつも何かが漏れている―

ゴール

提出物等では、日付、氏名など、指定の書式に沿って
記入しており、漏れが生じたことはない

Ⓧ 記入漏れなし　VS　Ⓨ 3ヶ所の記入漏れ

5	4	3	2	1
Xに近い	どちらか というと Xに近い	どちらとも いえない	どちらか というと Yに近い	Yに近い

一事が万事⁉

　学生からの各種提出物には、記入漏れが目立ちます。原因は確認不足、
注意力散漫などがあげられます。しかし、問題の核心は、確認を怠っても
自分が困らないという意識の甘さにあると思います。だから本気で取り組
まないのでしょう。

　私は、授業外で、学生の就職相談に応じています。年間およそ400件程
度で、最近は卒業生の転職相談なども珍しくありません。そうした相談で
は、エントリーシート・論作文の添削、面接対策、自己分析、業界研究な
どに応じています。

　たとえば、履歴書、エントリーシートなどでは、漏れるところは、ほぼ
決まっています。記入漏れの多くは、最上段の日付、住所記入欄のフリガ
ナ部分です。日付は枠内だけを追っているので気づかない、住所は書いて
しまえば早く学歴欄に移りたいのでうっかり忘れて飛ばしてしまうものと
推察しています。1行ずつ丁寧にたどれば、漏れるはずなんてないわけで
すが、よく見落とします。そして、見落とす学生は1ヶ所ではなく、複数ヶ

所を見落としています。

　「一事が万事」とはよく言ったもので、日付、フリガナ、捺印などをセットで忘れる学生の履歴書は、お菓子の食べこぼしのシミなどもついています。加えて、文字が曲がらないよう鉛筆でひいた罫線を消した際の消しゴムの消しかすなども、ついてきます。企業の人事担当者の方々がご覧になれば、注意力散漫、確認不足であり、仕事に向いていないという評価・判断を下されることになるでしょう。

　仕事でも申請書類を提出することがしばしばありますね。残業、出張等、いまはweb上で入力するケースも多いと思います。そんなときには、何か必要事項の記入漏れがあると、システム上、次に進めないような仕組みになっていることも多いと思います。したがって、申請・提出前に追加・訂正ができるわけです。

「親切設計社会」になっている

　つまり、いまの世の中は、みんな「親切設計」になっているわけです。ですから、手書きで自己完結する場合などに困るわけです。このことは意識すべきだと思います。普段から、私たちの漏れの生じやすいところはシステムがサポートしてくれているわけです。だから、手書き等で、親切設計機能が作動していないときに注意が必要です。

　私は手書きの申請書類などでは、最初から最後まで、はじめに目を通します。そのときに注意すべきは、1行ごとに丁寧にフォーマットを追っていくことです。そして、ページ数が多く、後で漏れそうなところは鉛筆で印をつけておきます。これは、「思考と作業を分ける」ということを行っているわけです。考えながら作業をしていると、どうしてもミスを誘発します。また、記入例がある場合には、そちらを先に見てしまいます。そうすると、漏れそうな項目を事前に確認することができます。フォーマット自体にも問題があるのかもしれませんが、漏れやすいのは、フォーマットの枠外にある日付などの記入です。

漏れがあることが問題なのではありません。ここでもどうか考え方を理解してほしいと思います。確認を怠らなければ気づける漏れがほとんどです。つまり、漏れが問題なのではなく、「確認を怠る」「面倒くさがる」という悪しき習慣が仕事に向いていないという評価を受けてしまうということです。そして、完璧が当たり前なのが仕事です。

「親切設計社会」は注意力、確認力、想像力が落ちる
　私も慌て者ですから、新入社員当時、資料を読んだり、記入したりするときには、1行ずつ丁寧に追っていくため（読み飛ばさないようにするため）、つねに定規をあて、読んだり、記入したりしていました。web上で処理するフォーマット類も記入事項の多いものは、面倒でもプリントアウトして漏れのないようにしています。これは、一見、手間も時間もかかり、非効率と思われるかもしれません。しかし、提出書類というのは、必ず後工程で処理する方がいらっしゃいます。残業等であれば人事担当の方、伝票類であれば経理担当の方の時間を割くことになります。また、こうした工夫は、気づきの感度を高めることにも貢献すると思います。たとえば、仕事でアンケート用紙、調査票などを作成する場合にも、不備や漏れを招きにくいフォーマットを作成することができます。
　私たちは、「親切設計機能」に慣れ、注意力、確認力、想像力が落ちているのではないでしょうか。コンビニでは、ポイントカードの有無、温かいものと冷たいものを分けるなど、あらゆることを見越して応対してくださいます。電子申請等であれば、解答していない番号を教えてくれたりもします。つまり、私たちは、「考える機会」「確認する機会」を奪われているともいえます。利便性と引き換えに失ったものもあるわけです。得るものがあれば、失うものもあるということです。私たちの暮らしのなかに、「親切設計機能」が追加された分、周到な確認が不可欠です。

常に自分が最終工程という意識で働く

　また、自分が最終工程、もう確認する人はいないと思って確認することです。私たちは、どこかで他人を頼りにしています。上司・先輩がチェックしてくれているなんて期待がはたらいているのではないでしょうか。上司・先輩は、部下や後輩の記入漏れを探すために行っているわけではなく、それぞれの役割・役職において、その書類を決裁することが妥当かどうかを判断しているにすぎません。もし、上司・先輩がチェックしてくれていると思っている方がいらしたら、それは大きな勘違いです。あくまで、役割としてその書類の決裁をしているだけです。

┌─ **技3** ─────────────────────────────┐

　最初に確認する（いきなり作業に着手しない）

└───────────────────────────────────┘

【演習3】（■ビジネスパーソン・■学生）

　入社してから漏れや不備を指摘された書類（入力等も含む）を、書き出してみましょう。そして、そうした内容の共通点を探してみてください。自分の確認方法のクセなどが見つかるかもしれません。学生の方は、レポート、就職活動のことなどでも構いません。

〈記載漏れと自分の特徴〉

項目	記入事項
漏れ・不備のあったもの	
それらにある共通点（書類の特徴、自分の課題など）	
今後自分が注意すべきポイント	

4 | 1度で完璧を目指す
―想像力をはたらかせる―

Ⓧ 質問等の出ない案内ができる人　VS　Ⓨ ツッコミどころ満載の案内を出してしまう人

5	4	3	2	1
Xに近い	どちらかというとXに近い	どちらともいえない	どちらかというとYに近い	Yに近い

「1度で完璧な仕事」という意識の欠如

　学生の雑談を聴いていると、待ち合わせなのでしょうか、「○○に6時ね」などといった元気のいい声が聴こえてきます（○○は駅などの集合場所）。確かに時間と場所が決まれば、待ち合わせは可能です。しかし、本当に全メンバーが集まることができるのでしょうか。もちろん、スマートフォンがあれば遅れても、場所や時間を間違えても、会うことができます。

　私が学生時代、スマートフォンも携帯電話もありませんでした。一部の外勤営業のビジネスパーソンの方々がポケベルを持っていた時代です。そのときのことを思い出すと、こんなざっくりとした情報で、待ち合わせなどしなかったように思います。時間と場所まではいっしょですが、そのほかにも、次のようなことを決めていたと思います。

・電車等が遅れた場合には、○分以上遅れたらもう直接お店に行くこと
・急用の場合には○○くんの家に電話をすると母親がいるから、母親に
　伝言しておくこと
・雨の場合には濡れるので、集合場所は近くのデパートの入口に変更する

このような細かなことまで案内して、ゼミなどでの飲み会を楽しんだ記憶があります。つまり、想定されるさまざまなことをシミュレーションして、いろいろと情報を流していたように思います。いまは想定外のことは、LINE で対応すれば、すぐに解決します。だからこそ、想像力に欠けるところがあるのではないでしょうか。

　そして、こうしたことをシミュレーションするのは、一人では無理なので、ゼミの仲間で集まり、想定できることを書き出し、それを全員に案内していました。そして、こうした集まりすら、楽しかったものです。

　しかし、いまは、こうした事前のシミュレーションは不要ですから、1度で完璧な仕事をするという習慣が希薄になってきているのではないでしょうか。後で LINE で質問したり、確認したりすればいいわけです。その緊張感のなさが、1度で完璧なものを仕上げようという意識を阻害しているものと思います。

5W1Hの活用

　シミュレーションして、想定できることを考え出すには、能力や経験も必要ですが、5W1H を使えば、概ね困ることはないと思います。

　次ページはゼミでの暑気払いを例にしたものです。

　しかし、発生しそうなことを想像すると、このほかにも追加することがありそうです。そうしたときにも、1つずつシミュレーションすることです。When、Where を例に、考えてみましょう。

　ゼミでの暑気払いを行うだけでも、これだけの確認や配慮が求められます。しかし、こうしたことに気づけないと、後から質問が出てきて、結果的に自分の仕事を増やすことになります。

「相手基準」で考える

　5W1H は漏れを防ぐ、大変重要な武器です。細かなことに気づけるようになるためにも、このように、ひとつずつシミュレーションする習慣をつ

When：〇月〇日（〇）18:00

Where：渋谷駅集合（ヒカリエの入口付近）⇒居酒屋〇〇（18:30 からで
　　　　予約済）18:30 ～ 20:30（2時間）

What：ゼミの暑気払い

Who：先生、3 年生 5 人、4 年生 7 人（合計 13 人）
　　　※）先生は直接お店に行かれます。

How much：会費 1 名 3,500 円
　　　※）お店では、先生の誕生日会も兼ねて、ケーキを用意しています。
　　　500 円はそのケーキ代に充てさせていただきます。

When
・5 限の授業を受けていて、間に合わない人はいないか
・遅れた人のフォローをどうするか
・大学での主要な行事に被っていないか
・試験期間中、もしくは近くないか
・先輩たちで公務員試験等が近い人はいないか

Where
・アルコールを飲めない人はいないか
・お店は少し大きな声で話しても大丈夫な雰囲気か
・割引クーポン等を持っている人はいないか
・遅れて来る人にもわかりやすい場所か
・最寄駅からの終電は何時か
・2 次会のお店はどうするか

けてください。

　また、お気づきかもしれませんが、自分都合だけで考えていると、こうした追加検討事項はあまり出てきません。他人に対する配慮、ホスピタリティマインドが必要です。常に、「相手基準」で考えることが重要なのです。

┌─ 技4 ─┐

5W1H を使ってシミュレーションする

【演習4】（■ビジネスパーソン・■学生）

　仕事で作成する文書の種類を書き出してみましょう。それらは、５Ｗ１Ｈの活用頻度が高いものです。今後、これを意識して作成してみましょう。学生の方は、学業のほか、サークル活動、アルバイトなどを踏まえ、書き出してみてください。

作成する文書類

5 課題を管理する
―時間をブロックするという考え方と成長できる手帳活用術―

ゴール

レポート、業務などは、手帳に書き込み管理している

Ⓧ タスクを分解して計画的に取り組んでいる人　VS　Ⓨ 成り行きで取り組んでいる人

5	4	3	2	1
Xに近い	どちらかというとXに近い	どちらともいえない	どちらかというとYに近い	Yに近い

パラレル管理の必要性

　お客様に指定の品を納品したり、レポートを提出したりするには、スケジュール管理が重要です。ひとつの仕事や課題だけを達成するなら、成り行き管理でもなんとかなります。しかし、仕事でもレポートでも１つなんてことはありません。仕事は常に複数の案件が動いていますし、学生であっても課題等は学期末に集中します。したがって、パラレルに管理する力が求められるのです。管理というと大袈裟かもしれませんが、進捗の見える化が必要です。進捗が見えるから、課題が重なるピークも把握でき、事前の調整が可能なわけです。しかし、手帳等で管理していなければ、ピークも納期も見えてきません。

表による全体像の見える化

　学期末近くになると、「勉強の仕方がわからない」という質問で訪れる学生が増えてきます。そうした学生には、独自の学習診断ツールを使って、自己課題を発見してもらいます。その後、まず尋ねることは、「親しい友

だちが何人くらいいますか」というものです。読者の皆さんには、ちょっと想定外ですよね。訪れた学生も面食らっています。

　ところで、こうした学生には、ある表の作成を依頼します。横軸に科目名、縦軸には①成績目標、②評価基準（通常、シラバスに記載されています）、③試験の特徴（レポート・小論文等、もしくは知識確認）、④当該科目の自己評価（得意・不得意）、⑤試験日、⑥今後すべきこと（休んだ回のノートのコピー等）を書いて、1枚の表にまとめてもらいます。これは「全体感の把握」を行ってもらっているわけです。

　こうすることで、試験対策に全体としてどれくらいの時間が必要か、何からはじめるべきかなどの優先順位づけができます。一般的には自分の得意科目からはじめ、苦手科目が後手に回ります。そして結果的に苦手科目に十分な時間を割けず、結果として評価も芳しくないというわけです。しかし、こうした表を作成し、自分の苦手科目数がわかれば、いつから着手しないと間に合わないかなどが、すぐに把握できます。複数の課題や仕事を管理するには、まず1枚のフォーマットで見ていくことです。こうした視認性の高い状態にすることにより、時間を見積り、優先順位がつけられるのです。そして、必要時間を把握し、優先順位が決まったら、それを手帳に書き込み、ウィークリー単位で確認していけばよいのです。先ほど友だちが何人いるかと尋ねたのは、ここで必要になってきます。試験の特徴等、聴き逃していても、友だちは把握しているかもしれません。だから、友だちにも尋ねながら、どんどん表を早く埋めてほしいわけです。

　この表を丁寧に作成し、全体を把握すると、学生は非常に焦り始めます。「先生、時間ないです」と報告に訪れます。こうして、表を見せにくる学生は、例外なくGPA（Grade Point Average の略で、成績平均値のこと）を上げているようです。表の作成により、試験日までの時間を見積もると、予想以上に時間がないことが「見える化」され、意識も高まるわけです。

手帳に書いたことは必ずやる

私は手帳の利用について、2つのルールを決めています。ひとつは月並みですが色分けです。授業・講演会は青、会議・委員会・勉強会等は赤、学生相談は緑、研究・執筆・授業の準備は黒です。普段はバーチカルタイプと呼ばれる手帳を使っていますが、こうして色分けしておくと、ウィークリー単位で、何に時間を割いたかがあとですぐにわかります。視認性を意識することは、振り返りにも大変便利です。

もうひとつのルールは、「**手帳に書いたことは必ずやる、書いてないことはやらない**」というものです。当たり前と思われるかもしれません。私はやると決めたことは、必ず手帳に時間をブロックしていきます。こうするとやらざるをえません。簡単なことですが、これは私が20年以上守っている仕事のルールです。つまり、手帳に自己管理をしてもらっているわけです。

逃げない仕組みづくり

大切なことは2つです。表による全体感の把握、そして苦手なことから逃げない仕組みづくりです。そのためには、視認性の高い表を作成し、ウィークリー単位でやるべきことを手帳に書き込めばいいのです。ただこれだけです。

┌─ 技5 ─────────────────────────
│ 表による全体感の把握、手帳による進捗の見える化
└──────────────────────────────

【演習5】（■ビジネスパーソン・■学生）

　騙されたと思って、１週間、手帳の色分けをしてみませんか。いまは４色ボールペンも比較的安く手に入ります。ここではまずそれぞれの業務内容で使い分ける色を決めてください。

〈色別業務内容〉

色	業務内容・種類（会議、書類作成等）
赤	
青	
緑	
黒	

6 言葉を丁寧に扱う
―特に語尾を大切にする―

> **ゴール**
>
> **言語化、文章化にあたっては、語尾まで丁寧に扱うことができる**

Ⓧ 語尾を大きな声で説明する人　VS　Ⓨ 語尾をルーズに説明する人

5	4	3	2	1
Xに近い	どちらか というと Xに近い	どちらとも いえない	どちらか というと Yに近い	Yに近い

日本語は初めと終わりに大切なことが語られていることが多い

　文章力に関する授業では、語尾の大切さを、次のような例を示して伝えています。

> ①私はあなたが好き<u>です</u>。
> ②私はあなたが好き<u>かもしれません</u>。
> ③私はあなたが好き<u>でした</u>。

　3文とも「好き」までの部分は同じです。学生には、「どの告白がうれしいかな」と問います。もちろん、①の文を支持してくれますが、語尾の違いで、大きく意味が異なってしまいます。そして、日本語は、動詞、肯定・否定が最後に表れるので、最後をはっきりと声に出さないと、正確に伝わらないことがあるから、注意を必要とするわけです。

　英語では、「主語＋述語」と大切な要素が冒頭に連続して登場しますから、最初を特に注意して聴くこと、日本語は主語が冒頭、述語が最後となるこ

とが多いから、**特に最初と最後を聴き逃さないことが重要である**ということも説明します。私も、授業のとき、最初と最後の部分だけでは、少し大きな声で、ゆっくり説明しています。

　つまり、日本語は最初から最後まで聴いていないと、内容を理解できない言語なのです。これは最初から認識しておくべきだと思います。

　プレゼンを聴いていると、語尾がはっきりしない方がいます。これは聴き手にとっては大変ストレスとなります。逆に語尾だけでもはっきりしていると、わかりやすいという評価につながります。日本語の特徴を理解し、語尾まではっきり言い切る習慣をつけてください。

技6

聴くときも伝えるときも、文頭と文末を大切にする

【演習6】（■ビジネスパーソン・■学生）
　普段から、発言する際、語尾を大切にしていますか。発言する際、語尾を少し大きな声で、ゆっくりと話してみましょう。

〈語尾を意識して発言する〉

項目	内容
発言する機会・場面	
実践した際の周囲の反応、コメント	
振り返り（新たに気づいたことなど）	

第1章 まとめ

　さて、どれも当たり前のことだと思いませんか。しかし、その当たり前ができていなかったり、確認を怠ったりするからミスやクレームになるのではないでしょうか。

　これらを完璧にできる人は意外と少ないように思います。これは現在の評価の問題とも関わると思います。当たり前のことができても、人事考課としてはあまり評価されません。これでは正確かつ丁寧な仕事を心がけようとする若者のモチベーションは高まりません。

　私は就職相談に訪れる学生の履歴書を見て、印鑑の印影がたとえ5度でも曲がっていたら、書き直しを促します。曲がっていることが問題なのではなく、それを問題だと思わない仕事に対する考え方や姿勢への警告です。そして、相手基準で考えてほしいということです。相手は、数百、ときには数千通の履歴書を見るわけです。志望度の高い学生なら、印鑑、記入漏れ、誤字・脱字のほか、送付状、封筒への宛名記載などにも細心の注意を払うでしょう。

　学生時代、新入社員時代は、評価される時期とも言えます。大学での評価には慣れているでしょうが、新入社員時代も同様です。何も目立てとか媚びろと言っているわけではありません。正確な仕事、正しい判断を積み重ねていってほしいのです。2つの事実がつながれば、点から線になります。正確な仕事を心がけ、「○○さんはいつも正確で安定感がある」という評価を獲得すると、組織内での決済も非常にスムースです。ところが、「○○さんはあてにならない」というレッテルを貼られてしまうと、決済でも相手は疑念からスタートするわけです。そうすると、時間をかけて細かく確認され、本人にとっていい結果を得られることは少ないと思います。

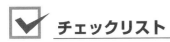 **チェックリスト**

※）①内容を理解した、②実践した、③技が定着した、④習慣化できた

	チェック	ゴール	技
1-1	①□ ②□ ③□ ④□	要求事項をすべて漏らさずに汲むことができる	文節単位などに細かく分解して、依頼事項をすべて正確に読み取る（聴き取る）
1-2	①□ ②□ ③□ ④□	資料、データ類などは、科目、案件ごとに管理する習慣がついている	最初に区分の基準を決める
1-3	①□ ②□ ③□ ④□	提出物等では、日付、氏名など、指定の書式に沿って記入しており、漏れが生じたことはない	最初に確認する（いきなり作業に着手しない）
1-4	①□ ②□ ③□ ④□	質問等が生じない案内状を作成する	5W1Hを使ってシミュレーションする
1-5	①□ ②□ ③□ ④□	レポート、業務などは、手帳に書き込み管理している	表による全体感の把握、手帳による進捗の見える化
1-6	①□ ②□ ③□ ④□	言語化、文章化にあたっては、語尾まで丁寧に扱うことができる	聴くときも伝えるときも、文頭と文末を大切にする

第2章

. . . .

健全な社会性を身につけよう
（＝社会ルール順守力）

1 すべての人に感謝しよう
―ゴミの捨て方にも品格が表れる―

すべての人を自分と同じように大切にする

Ⓧ 小さくたたんで捨てる人　VS　Ⓨ 投げるように捨てる人

ゴミの捨て方にも心が表れる

本書冒頭でもお願いしたとおり、本書は、社会人としての考え方を学び、自分の考え方を軌道修正していただくためのものです。ゴミの捨て方も、社会人としての捨て方を学んでほしいので、取りあげました。

ひとり暮らしの方は馴染み深い話だと思いますが、コンビニで夕飯を買ってくると、食事後のパック類のゴミがかさばり、すぐにゴミ箱がいっぱいになってしまいます。

オフィスではゴミ箱はメンバーで共有です。したがって、かさばるものを捨てるときは、小さく折りたたんで捨てるなどの配慮が必要です。

私はゴミの捨て方にその人の心が表出されていると思います。きちんと小さくたたんで捨てる学生は、概して穏やかで人柄もいいです。一方、分別すらせずに投げるようにそのまま捨てる学生はあまり他人への配慮もないように思われます。これは私の主観ですが、学生の様子を見ている限り、総じて当たっているように思います。

ゴミを捨てるところなど、通常は見られていないことが多く、もちろん

評価もされませんから、その人の素の姿が見えるのだと思います。

マナーとチームワークのある捨て方

　私は、自宅でのゴミの捨て方に注文をつけるつもりはありません。しかし、職場でゴミを捨てることには、マナーとチームワークを求めます。

　営業、バックオフィス、役員、警備、清掃、みんな役割を分担しているだけです。そして自社のお客様のために働くチームです。だったら、営業であろうと、清掃であろうと、関係ありません。皆が仕事をしやすいように、気を遣うのはむしろ当然です。オフィスは皆の共有の場です。だったら自宅とはゴミの捨て方も異なるはずです。分けて考えるべきです。机上もきれいにしていれば、書類がどこかに埋もれ探すなんて手間も減りますし、仕事の効率も高まるはずです。

仕事としてのゴミの捨て方―Q・C・Dを意識する

　大切なことは、ゴミを捨てるという行為も、仕事として行っているわけです。つまり、ゴミを捨てる時間も給与をもらっているわけです。だったら、Q（Quality/ 品質 ）、C（Cost/ コスト ）、D（Delivery/ 納期 ）に貢献しなければなりません。ゴミの場合には、きれいに捨てる、後でゴミを回収しやすいように捨てるといった配慮が業務上も求められるというわけです。

　授業のとき、学生に「『ゴミばこ』を漢字で書いてください。当て字で構わないので……」と投げかけると、黒板にはユニークな解答が飛び出してきます。娯実箱（楽しみが実る箱）、誤見箱（書き損じたものなど誤りを見逃してくれる箱）など、大変ユニークな解答も登場します。もちろん、私もそれなりの解答を披露するわけです。「護美箱」です。私たちの暮らしから、美しさを守ってくれる箱、つまり不要なもの、汚れたものを引き取ってくれて、身の周りをきれいにしてくれるからです。実はこれは学生時代、指導教授から教えていただいたことです。先生は「護美箱」と書いてあると、周りをきれいにするため、汚いものは自分（護美箱）が一手に

引き受けるという犠牲的精神が感じられるとおっしゃっていました。

　他人のゴミの捨て方、よく観察してみてください。驚くほど、その人の人格を反映していることが多いと思います。個人情報への配慮のほか、分別、小さく捨てるなど、後工程のスタッフのことを考えた捨て方をお願いします。ゴミの捨て方にもマナーとチームワークへの配慮をもってください。

　ゴミを丁寧に捨てようと思ったら、副次的な成果がありました。食べ方も丁寧になったように思います。食べ物の入ったビニールを、きれいな状態で捨てられるよう、外側を汚さないようにして食べます。そうすると、食べ方も上品になったように思います。

```
技7
職場における言動は、すべてチームのため、お客様のために
貢献しているかどうかを考える
```

【演習7】（■ビジネスパーソン・■学生）
　いままでのゴミの捨て方を振り返りましょう。

〈いままでの捨て方、メンバーの評価、および今後の注意点〉

項目	内容
いままでの捨て方	
それを周囲のメンバーが見たとき、想定される印象・評価	
今後自分が注意すべきポイント	

2 約束を守る
―小さな約束こそ大切―

約束、規定、ルールなどは、きちんと順守する習慣がついている

Ⓧ 小さな約束でもきちんと守れる人　VS　Ⓨ 小さな約束をルーズにしてしまう人

5	4	3	2	1
Xに近い	どちらか というと Xに近い	どちらとも いえない	どちらか というと Yに近い	Yに近い

　「なぜ約束は守らなければならないのか」という質問に、「信頼されなくなるから」といった類の解答をされた方は少しだけ反省してほしいと思います。まだ、主語がI（自分、私自身）になっているのではないでしょうか。つまり、まず信頼されずに自分が損をすると考えているわけです。むしろ、約束であれば必ず相手がいるはずですから、「相手に迷惑をかけるから」という解答がビジネスパーソンとしての正解だと思います。

　なお、私は、自分基準でしか考えていなかったり、相手や周りへの配慮に欠けていたりすることを、「主語がI（自分）になっている」と表現しています。

約束に大小はない

　ところで、約束に大小はないと思います。会社間の億単位の取引、M&A（企業の合併や買収/Merger and Acquisition）などの合意から、忘年会、歓迎会への参加など、すべて約束事です。

　忘年会の幹事などは新入社員の仕事として、皆さんも1度くらいは経験

されたことと思います。部門単位で行うことが多く、10名くらいの小規模なものから、50名、100名といった比較的大規模な宴会までありますね。幹事からメンバーに向けて、参加可否のメールがいっせいに送信され、参加人数を確認し、お店の予約、イベントの企画、2次会の店の準備、イベントでの景品の手配なども必要になってくるかもしれません。こうした様子を見ていると、返信が早い人は概していつも早いです。遅い人はやはりいつも決まって遅いように思います。

　半年も前から忘年会の参加可否を尋ねたりはしません。たぶん1ヶ月程前に、メールで案内が届くのだと思います。そうしたら、手帳を確認し、該当の日に予定がなければ参加、予定があれば調整可能かどうかを判断し、その結果をもとに参加、もしくは不参加を返信すればいいわけです。

　忘年会参加の可否を決めること自体、あまり、考えたり、悩んだりすることはないことだと思います。しかし、このことに1週間も2週間も決断できない人が必ずいます。返信が遅いのは後工程の作業が想像できないからではないかと思います。

チーム貢献を考えているか

　先ほど、約束に大小はないと申しあげました。忘年会の返信が遅いことを、周囲の人が気づいたら、遅い人のことをどう思うでしょうか。「どうして、忘年会の返信なんて些細なことをさくっと答えていかないんだ」と疑念を持つのではないでしょうか。そして、そんな些細なことができない社員に大きな仕事を任せるでしょうか。小さな約束が履行できない人は大きな約束も履行できないと思われますね。当人は、忘年会などは業務外のことなので、仕事として優先すべきことではないと考えているのかもしれませんが、それは間違っています。後工程の人のことにあまりにも配慮がなさすぎます。返信が遅い人には、催促のメールを出さなければなりません。つまり、チームとしての仕事を増やしているわけです。ここまで理解してほしいです。冒頭で主語がIになっている人には反省を促したいと申しあ

げました。大切なことは、チームの価値を高め、チーム貢献しているかということです。それぞれが、チームのなかで自分の強みとする役割を発揮するとともに、メンバー同士が相手のことを思いやる風土があることが、強いチームの特徴だと思います。

「個力」だけでは勝てない!?

プロ野球読売巨人軍は2004年、堀内監督のとき、野手の大型補強を敢行しました。当時、「史上最強打線」と呼ばれたものです。しかし、その年の成績は3位に終わりました。投手以外全員が4番バッターのような打線であっても、投打のバランスがわるいなど、チーム力が低ければ、勝てないという事例です。

意識や考え方を変えない限り直らない

年下の後輩幹事であろうと、お互いに敬意をもって、仕事をする仲間です。小さな約束も誠実かつスピーディにこなし、チーム力を発揮するという意志がなければ、忘年会の返信は毎年遅くなるでしょう。つまり、意識や考え方の問題なんです。そして、こうした、ある意味、些末なことは、叱られることもないため、永遠に本人は気づけないわけです。だから、毎年同じことを繰り返すわけです。

本気で取り組むから面白くなる

これは若干、脱線してしまいますが、新入社員の皆さんへのお願い事項です。忘年会等の幹事を任されたら、業務の一環として本気で取り組んでください。本気で参加者を楽しませる企画、場所選定を行ってください。仕事も忙しいとは思いますが、こうしたイベントにはアイデアや企画から、その人の個性も見せられます。つまり、自己プロモーションの機会でもあるわけです。「私、仕事以外にこんなことができます」「こんなことも得意です」ということです。「業務外のことをここまで頑張れる人」という評価

がつくと思います。

　私がかつて勤務していた株式会社インテリジェンス（現・パーソルキャリア株式会社）の社員の方の退職の宴のときのことです。30名くらいの方との2時間程の宴会だったと思いますが、司会・進行の方の手には、A4判で3枚程度の進行スケジュールがエクセルで作成されていました。乾杯、歓談、席替え、ゲスト挨拶など、細かく決められていました。そうなんです。遊びも本気で取り組まないと、面白くないのです。本気でそこまで演出を考えてくれているから、皆が楽しめるわけです。どんなに忙しくてもこうしたイベントを大切にする考え方とその姿勢を見て、そのホスピタリティの高さとやさしさに感動を覚えました。

> **技8**
>
> 約束を守れなかったときの相手の感情、結果を想像する

【演習8】（■ビジネスパーソン・■学生）
　守れなかった約束を振り返ってみましょう。なお、新入社員の皆さんには、ここで忘年会等のイベントを企画してもらいます。

〈守ることができなった約束を振り返る〉

項目	内容
守ることができなかった小さな約束を振り返る	
それはなぜですか	

〈新入社員の皆さんへ：忘年会等のイベントを企画してください〉

項目	内容
そのイベントの企画コンセプト	
具体的なイベント内容	

3 全体を見る
―チームのなかで生きる私を意識する―

全体最適で行動する習慣がついている

X 配付資料に   速やかに回して   VS   Y まったく全体進行を
  ついて   いける人   意識していない人

5	4	3	2	1
Xに近い	どちらか というと Xに近い	どちらとも いえない	どちらか というと Yに近い	Yに近い

仕事はすべてQ・C・Dで考えるべき

　授業中、資料を配ることがあります。学生の名前を覚えるため、1人ず
つ配ることもありますが、時間の関係で、前列に渡し、後ろに回してもら
うことが通常の配付方法です。わずか後ろまで8〜10列程度ですが、2分
待っても最後まで行き届きません。私は企業人でしたので、常に考え方や
行動には、Q（品質）、C（コスト）、D（納期）が浸透しています。仮に1
人10秒と見積もれば、10列でも100秒（=10秒×10列）と計算している
わけです。しかし、そんな事前のシミュレーションはすぐに崩壊しました。

　マイペースであることは自由です。しかし、教室でチームとして同じ行
動を共にする以上はチーム貢献という視点は外せません。速やかに最後の
列まで資料が行き届かないと、授業をスタートすることができません。で
すから、できるだけスピーディに資料が行き届かなければならないのです。
まさに納期の問題です。また、コストの問題とも捉えることができます。

チームとしてのＱ・Ｃ・Ｄを考える

　大学の卒業までの単位数を128単位、授業料を年間100万円とすると、1コマあたりの授業単価はおよそ4,166円、1分あたりの授業単価はおよそ46円となります（※1科目を2単位全15回、入学金などは含めずに計算しています）。

　もっと言わせてもらえば、50人のクラスで配付資料の想定時間が2分オーバーしたとすれば、42円×2分×50人＝4,200円の損失となります。それが2回続けば、1万円近い損失となるわけです。これが企業人の考え方です。

　学生にはコストという発想はまだありませんが、新入社員の皆さんには、持っていただかなければならない事項です。

　新入社員時代、私は、恰好つけて、会議に遅れて、笑いながら、会議室に入室したことがあります。遅れたのは、2、3分だったと思います。しかし、そのとき、これほどまでに叱られるとは思わないというほど、本気で叱られました。「3分遅れても、それは5人の会議であれば、15分の損失だ。その人件費を考えてみろ」と。確かにそのとおりです。自分は重要な仕事をしており、それが早く終えることができれば、チームにも貢献できると考えてのことでした。しかし、それはまったくの自分のおごりです。それぞれのメンバーが自分の役割を全うし、そのなかで、決められた時間に招集されているわけですから、自分最適、部分最適ではチーム貢献はしないということです。

「全体最適」という判断基準をもつ

　このことに気づかされた私は、新入社員時代から、常に自分が考えたことやアイデアが全部門、全社最適になっているか、自部門最適だけに止まっていないかという判断基準をもつことができるようになりました。

　そう考えたことが、私の成長に大きく貢献しました。私はすべての行動を全体最適という基準で見直したのです。それは挨拶、ほうれんそう、パソコン入力など、あらゆる業務に及びました。

全体最適で考えると、ほかのメンバーとの関係性も見えてくる

　たとえば、「全体最適的な挨拶」とはどのような挨拶か。みんな朝は集中してメールチェックなどをしているわけです。そこに「おはようございます」と声がかかるわけですから、皆の仕事を妨げることのない程度の声の大きさで、自分が出社をしたことを表明し、電話等を率先してとる。これが私の全体最適的な朝の挨拶になりました。そうすると、時間の使い方も変わってきました。部門に電話の問い合わせの多い時間帯は集中しなくてもいい仕事を行い、問い合わせの少ない時間帯に集中できる仕事を配置するといった組み立て方です。

　新入社員時代、仕事を覚えることに精一杯になってしまいます。もちろん、それでいいんです。しかし、全体最適で考えられれば、自分の仕事とほかのメンバーとの関係性などが見えてきて、その仕事に投下すべき時間なども想像できるようになってきます。つまり、その仕事が部門にとってどの程度重要なのか、どの程度の品質を求められているのかなど、ポイントが見えてくると思います。

質問により、その仕事の全体を鳥瞰してみる

　過剰品質なんて言葉があります。もちろん、品質が高いに越したことはありません。しかし、1時間でやるべきことを3時間かけて高い品質を得たとしても、組織としては採算性の視点から厳しい評価となってしまいます。自分最適から抜け出し、全体のなかでの自分の仕事の位置づけなどを相対的に考えられないと、こうした過剰品質となり、自分の評価も下がってしまい、結果として自分のモチベーションもあがりません。

　メンバーとの対話の頻度を増やし、こうした全体最適な思考を学んでいくしかありません。仕事を依頼するとき、すべてのことを伝えているわけではありません。こうした伝えきれない行間を埋めるのが、質問です。

　質問は新入社員の特権です。どんなことを尋ねても、笑われたりはしません。自分の仕事が次の工程にどのように関わっていくのか、どの部分を担っ

ているのかなど、想像してみると、その仕事の重要性、求められるスピードなどが理解できると思います。通常、先輩たちは仕事内容は具体的かつ丁寧に教えてくれると思います。しかし、その仕事の意味、位置づけなどまでは説明しないこともあります。そんなときは、ぜひ積極的に質問してください。

> **技9**
>
> 想像する

【演習9】（■ビジネスパーソン・□学生）
　担当業務をひとつ取りあげ、全社最適の視点で見直してみましょう。

〈全社最適の視点での見直し〉

項目	記入事項
取りあげた担当業務	
全社最適の視点で思うこと、気づいたこと	

4 感謝する
―感謝していると見える景色が変わってくる―

ゴール

誰に対しても敬意と感謝をもって接することができる

Ⓧ 相手の立場を理解し、接している人　VS　Ⓨ お金を払っているんだから当たり前だと思っている人

5	4	3	2	1
Xに近い	どちらかというとXに近い	どちらともいえない	どちらかというとYに近い	Yに近い

「ありがとう」って伝えていますか

　どんな小さな仕事でも、「ありがとう」という感謝の気持ちが大切です。

　皆さんは、「仕事なんだから」「金払っているんだから」「部下なんだから、俺の言うことを聴くのは当たり前でしょ」なんて上司を尊敬できますか。

　私はマネジメントの基盤は相互の信頼にあると思います。その人の言うことを聴き、仕事を遂行する。それはお金をもらっているからだけではありません。もちろん、会社と契約関係にあり、雇用されていて、その対価として、報酬を得ているわけですが、その上司の指示を聴き、精一杯頑張るという意志は、信頼関係がないと生まれないものだと思います。指示に従うのは、役職に応じているに過ぎません。しかし、指示を聴き、自分なりに改善・工夫を施し、努力しようと思うのは、その上司が良心をもち、お客様のことを考えているからです。そして、その上司の姿勢を尊敬し信頼しているからだと思います。

　自社商品・サービスを気に入ってくださるお客様、将来有望と判断し、投資してくださる株主、協力してくださるパートナー企業、多くの人が関

わり、自分が存在しているわけです。創業者でもない限り、私たちは、その出来あがったビジネスモデルに乗っかっているに過ぎません。仕事はひとつでも果たせなかったら、目的は達成できません。たとえば、どれだけすばらしい商品を開発・製造したとしても、届けてくれる人がいなければビジネスは成立しません。

「おはよう」という相互承認の挨拶、「ありがとう」という感謝をもっと積極的に

　就職活動に関する個別相談に応じていると、「先生、ありがとう」と言って帰る学生、黙って帰る学生、その反応は実にさまざまです。

　社会人となった皆さんには、もっと感謝することを見つけてほしいと思います。そうすると、周りがもっと見えてくると思います。

　朝起こしてくれる目覚まし時計を作ってくれた人、職場の最寄り駅まで無事に運行してくれる運転士、深夜に経路の保線で働く人、ニュースを提供してくれる人、オフィスではきれいに行き届いた清掃をしてくれている人、安全を守っている警備の人など、あげればきりがありません。そうした人たちに、「ありがとう」の感謝を込めて「おはよう」と挨拶していますか。職場での挨拶の目的はお互いの承認にあると思います。「今日も予定どおり、無事に出社しました。いつもありがとうございます、そしてよろしく」と……。

　「おはよう」という相互承認の挨拶、「ありがとう」という感謝、こんなことの繰り返しが、相互の強固な信頼の基盤をつくっていくのではないでしょうか。

　頑張っても、何も感謝されない、これほど寂しいことってないですよね。いまは自動化されて駅の改札でも挨拶できないという時代です。なかなか自分の感謝の気持ちや思いを伝えることが難しくなっているという実情もあります。

もっと感謝する人を見つけよう

　それでも、伝えることができます。学生の顔と名前を覚えるため、時々、配付資料を1人ずつ手渡しすることがあります。時間もかかるので、頻繁に行うわけではありませんが、学生の受け取り方も実にさまざまです。同じ受け取り方なんてありません。片手で受け取る人、両手で受け取る人、隣の学生の分まで気を利かせてもらおうとする人、そして、小さく会釈をしながら受け取る人がいます。この小さな会釈になんとも上品で奥ゆかしい感謝の意を汲み取ります。この小さな会釈に、「きっと心のなかで、『ありがとうございます』と言ってくれているんだろうな、でも敢えて言うのも恥ずかしいから、小さく会釈するんだろうな」と思います。それから、私は駅員さん、店員さんと目が合った時、必ず会釈するようにしています。始発から電車が走って当たり前、5分遅れれば時間帯によっては大変な混雑になる。それでも終電まで何もなくて当たり前。しかし、現場の見えない努力には計り知れないものがあると思います。すべての仕事がこうした労を負っていると思います。

　皆さんにお願いです。仕事が終わった帰りの電車、その日を振り返り、**毎日感謝することを思い浮かべてください。**もっと周囲が見え、仕事の幅が広がると思います。そして、もっと、「ありがとう」を声に出していきませんか。

技10

毎日、感謝することを探す

【演習10】（■ビジネスパーソン・■学生）
　ここは、もう何をするかおわかりですね。「ありがとう」の感謝を伝える人を見つけてください。

感謝する人

5 関係性を大切にする
―媚びず、誰に対しても平等に接する―

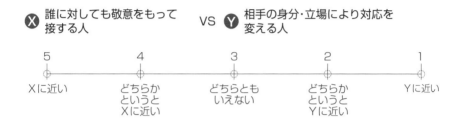

ゴール

自ら積極的に話しかけたり、はたらきかけたりしている

Ⓧ 誰に対しても敬意をもって　　VS　Ⓨ 相手の身分・立場により対応を
　　接する人　　　　　　　　　　　　　変える人

5	4	3	2	1
Xに近い	どちらか というと Xに近い	どちらとも いえない	どちらか というと Yに近い	Yに近い

中長期の視点で考え、誰に対しても媚びずに接する

　役職は組織で役割を果たすために付与されたもので、人を従わせたり、自分の優越的な地位を利用して何かをさせたりするためのものではありません。

　一般的には皆役職者には、気を遣ってくれます。それは、その人のことを思ってのこともあるでしょうし、長幼の序といった配慮からのこともあるでしょう。また、自分をよく見せたい、処遇をよくしてほしいという意図から、気を遣ってくれているのかもしれません。

　いずれにしても、個人への気遣いなのか、役職への気遣いなのか、それは自分で判断していかなければなりません。

　さて、人により態度や顔色を変える人がいます。これはあまり意味のないことだと思います。むしろ、中長期的に見ると損をしていると思います。つまり、相手の顔色を窺って、相手に媚びる。いったんそのときは評価されるかもしれません。しかし、組織なんて一生同じ上司のもとで働くなんて通常はありません。次の上司が来たら、またリセットされてしまいます。

つまり、「この人は媚びる人」ということを周囲に宣伝しているだけです。周囲にはそのように見られてしまうわけです。こっちのほうが損ではないでしょうか。

　いったん、得をしたとしても、中長期的には周囲に与えた評価のほうが大きいと言わざるを得ません。仕事をしているとき、私たちは常に見たり、見られたりしている存在なんです。だから、一時的な得を取るのも人生ですが、若い皆さんには、これから先が長いですから、中長期の視点で考え、誰に対しても媚びることなく、平等に接してほしいわけです。

　冷静に考え、判断しましょう。相手により対応を変えるというとき、その人は何を基準に対応を変えているかを見極めることです。自分より役職が上の人には媚びる、いわゆるイエスマンに徹する。自分より役職が下の人には威張る。これは役職というものが人事権を含めた人の処遇を握っているということに因るものだと思います。今度はそうした人材がどういうポジションに処遇されているかということです。重用されているようでしたら、人材を見抜ける人が少ないか、そうした媚びる文化が浸透している組織だと判断すればいいわけです。

　しかし、中長期の視点に立てば、媚びない人間関係が長続きの秘訣だと思います。私は2回の転職をしました。いずれも先輩からのお声がけです。信頼してくださっているから、紹介、推薦などをしてくださるのだと思います。

　また、媚びている人って、思考が停止しがちだと思います。つまり、上司が言っているから正解という安易な思考回路になってしまうわけです。しかし、常に自分の意思で判断する習慣がついていれば、上司の誤りを事前に回避することもできます。

　媚びることなく、役職等にかかわらず、誰に対しても、ニュートラルに話しかけてみましょう。最初は挨拶からです。

人は無意識のうちに対応を変えている

　私たちは、自然と、もしくは無意識のうちに、行動しているところがあります。私は学生に、会社説明会などでオフィスに伺ったら、会う人全員に挨拶するよう、指導しています。つまり、「例外はない」ということが言いたいわけです。全員とは、受付、すれ違う職場の方、お客様、清掃の方、警備の方、人事の関係者などです。しかし、学生は清掃の方や警備の方には挨拶しません。でも、皆さんが分業しているだけです。社長という役割、警備という役割、それぞれが自分の持ち場で自分の役割を発揮しているわけです。どの役割が欠けても、職場は機能しなくなってしまいます。

　挨拶されて気持ちのわるい人はいません。学生の就職活動などは大学受験などとは異なり、無料で選考を受けさせてもらっているわけです。だから、せめて挨拶して、周囲の人を1日、気持ちよく過ごしてもらおうというくらいのホスピタリティがあってもいいと思います。

　早いうちに、よい習慣を身につけておいてほしいと思います。

> ### 技11
> 誰に対しても分け隔てなく、良好な関係性を構築できる

【演習11】（■ビジネスパーソン・■学生）

　段々とこのテキストにも慣れてきた頃かと思います。では、お願いです。笑顔で大きな声での挨拶の練習をしてみましょう。媚びるより、笑顔での挨拶です。友だち同士などで指摘しあってみてください。

挨拶の練習で気づいたこと

6 価値観を大切にする
―相手の言動には理由がある―

ゴール

異なる意見を持つ人とも、敬意をもって話し合うことができる

Ⓧ 鷹揚にいいところを見つけ信頼関係を　vs　Ⓨ すぐに使えないとか悪口・陰口を
築こうとする姿勢のある人　　　　　　　　言う人

```
5           4           3           2           1
�çc──────────�ç──────────�ç──────────�ç──────────◇
Xに近い      どちらか      どちらとも     どちらか      Yに近い
            というと      いえない      というと
            Xに近い                  Yに近い
```

価値観が一致しないことを前提に働く

居酒屋で隣のグループの人たちの話に耳を傾けていると、「誰か特定の人のことについて、熱く語り合っているなあ」ということがわかることがありますね。一言でいえば、愚痴です。しかし、冷静に考えていただきたいのです。就職するまでのおよそ20年間、まったく異なる環境、教育を受けているわけです。価値観が一致するほうがむしろ不自然だと思いませんか。むしろ、前提を変えるべきです。価値観が一致しない前提で、「仕事」というテーマで親しく付き合えばいいわけです。それ以上踏み込んだり、何かを押し付けたりするからうまくいかなくなるわけです。そして、ひとたび、嫌いになると、その人との会話の量も減りますから、ますますその人を敬遠し、必要なことも話さなくなるわけです。また、自分が相手を嫌いということは、相手も自分のことを嫌っていることが多いです。

挨拶と受け止めの姿勢

一般論はこのあたりにして、私が心がけていることをお伝えします。私

も恥ずかしながら好き嫌いはあります。しかし、それは仕事では絶対に出してはいけないことです。嫌いだと思われていれば、相手のモチベーションも下がり、ミスの温床ともなります。

　私が仕事をする仲間に対して行っていることは、次の2つです。

・好きになれない人にこそ、先に挨拶する
・どんなに極論であっても、いったん肯定する

　これだけです。挨拶は承認の意味もあります。自分から相手への敬意と承認を示すため、好きになれない人にこそ、先に挨拶をします。そして、その好きになれない人の意見がどれだけ受け入れ難いものであっても、法令、公序良俗等に反しない限り、受け止めるということです。「そうですねえ」ただ、これだけです。しかし、ここで、「っていうか、無理だと思いますよ」と言ってしまったら、決裂して終わりです。最終的なゴールで、全社最適、お客様基準の意思決定ができればいいわけですから、いったん受け止めて、軌道修正しながら、正しい方向に誘導すればいいだけです。

引用は相手に好感を抱かせる

　そのときに大切なことは、「引用」です。「○○さんの意見が参考になり、△△というアイデアが生まれました」こう言われてわるい気持ちになる人などいません。自分の意見、発言を引用されると、相手は非常に嬉しく思います。多少無理のある引用であっても、組織で良好な関係性を構築することも大切です。重要なことは、お客様基準で話が進んでいるかということです。

　人との距離感の取り方は人それぞれです。仕事を超えて深く付き合っていきたいと考えている人、仕事上だけの付き合いと割り切っている人、大切なことは、自分のことはもちろん、**相手がどちらの傾向にある人かを見極**めておくことです。そして、見極めたら、それに合わせて歩み寄ればうまくいきます。

仕事にも人間関係にも合わせる努力が必要

　学生と話していると、「その仕事は合わない」とか「合う」といったことをよく呟いています。しかし、そんなとき、「合う・合わないという議論ではなく、合わせる努力も必要ではないか」と話します。いまの仕事が自分の天職だと思って働いている人がどれだけいるでしょうか。むしろ生活のために働いているという側面もあります。そして、合わないと騒いでいてもいい仕事ができないので、自分が組織や仕事に適合させているわけです。

　人間関係もそうだと思います。お互いにいがみあっていたら、仕事に支障をきたします。卒業生との転職相談でも、人間関係をあげる人は少なくありません。しかし、これは仕事で関係を良好に保たないといけないので、「人間関係構築も仕事なんです。オフィスを離れたらどう思うのも自由、しかし、職場ではその人を好きになろう」と話します。嫌いになって批判し合う、そうしたら、それを後輩が見て真似をする、いつまでも好き嫌いの関係が組織を支配します。いったん、「そうですねえ」と鷹揚に受け止めることも大切です。そのためにも、笑顔が大切です。

```
技12

「いったん」受け止める
```

【演習12】（■ビジネスパーソン・■学生）

　皆さんにとっては嫌なことを段々と尋ねています。チクリチクリと……申しわけなく思います。でも、見える化していきましょう。現在、気の合わない人は何人いますか。また、半年後の目標も設定してみましょう。

時期	気の合わない人（人数）
現在（　　月　　日）	
半年後（目標）	

第2章　まとめ

　私たちは、常に社会的存在です。学生時代は、それぞれの教育機関において、本格的に社会にデビューするための準備をしていたわけです。

　社会では、自分の言動はすべて、人やチームに何らかの影響を与えます。そして、必ず評価を受けます。この評価とは、企業内の目標管理など制度上の評価、お客様からのアンケート結果など、さまざまです。また、日々の仕事でも、褒められたり、注意を受けたりの連続だと思います。これは、皆さんが社会の一員として生きているからです。

　学生である間は、主に科目の評価を受けてきました。しかし、社会では異なります。皆さんの意欲・姿勢、マナー、立ち居振る舞い、主体性なども評価対象です。ゴミの捨て方、約束を守る、関係性を大切にするなど、ここでは、どちらかというと細かなことを取りあげました。「寝食を共にする」というと大袈裟かもしれませんが、起きている時間の多くを職場で過ごすわけです。その意味でも社会人としてのマナーを確認しておきましょう。

チェックリスト

※）①内容を理解した、②実践した、③技が定着した、④習慣化できた

	チェック	ゴール	技
2-1	①□ ②□ ③□ ④□	すべての人を自分と同じように大切にする	職場における言動は、すべてチームのため、お客様のために貢献しているかどうかを考える
2-2	①□ ②□ ③□ ④□	約束、規定、ルールなどは、きちんと順守する習慣がついている	約束を守れなかったときの相手の感情、結果を想像する
2-3	①□ ②□ ③□ ④□	全体最適で行動する習慣がついている	想像する
2-4	①□ ②□ ③□ ④□	誰に対しても敬意と感謝をもって接することができる	毎日、感謝することを探す
2-5	①□ ②□ ③□ ④□	自ら積極的に話しかけたり、はたらきかけたりしている	誰に対しても分け隔てなく、良好な関係性を構築できる
2-6	①□ ②□ ③□ ④□	異なる意見を持つ人とも、敬意をもって話し合うことができる	「いったん」受け止める

第3章

コミュニケーションのマナーを知ろう
（＝対人力）

1 もっと挨拶力を！
―なぜ挨拶が重要なのか―

誰に対しても敬意を払い、好印象を与える笑顔での挨拶が習慣化されている

Ⓧ 挨拶の意味を理解している人　VS　Ⓨ 挨拶の意味をわかっていない人

5	4	3	2	1
Xに近い	どちらかというとXに近い	どちらともいえない	どちらかというとYに近い	Yに近い

幸せを運ぶ挨拶

　管理職になりたてのころ、まず「お互いに挨拶をしましょう」ということを初回のミーティングのなかで発信しました。そうしたら、「なぜ、挨拶をしなければいけないのですか」と尋ねられたことがあります。そのときは、「お互いのコミュニケーションを良好に保ち、気持ちよく1日をスタートさせるためにも、挨拶は重要です」といった説明をしたかと思います。

　挨拶はそのほか、承認の意味があると思います。大学では授業開始前と後に挨拶をしますが、私は「今日もありがとう」という気持ちをこめて、「よろしくお願いいたします」と挨拶します。

　就活講座では、会社説明会などでオフィスに入ったら全員に挨拶するようにと、学生にはお願いしています。「第2章5節 関係性を大切にする―媚びず、誰に対しても平等に接する―」でも触れましたが、私がお願いしているのは全員です。全員とは「すべての人」です。しかし、全員に挨拶できる学生はごく少数です。受付の方、説明会会場の人事スタッフの方々

には丁寧に挨拶してきます。しかし、警備の方、清掃の方、書類を届けにくる配達の方など、大勢の関係者が行き交っています。どうして、受付と人事スタッフの方だけに挨拶するのでしょうか。警備の方、清掃の方、配達の方も、自分が選考を受ける会社の関係者です。**自分で無意識のうちに、必要・不要を判断してしまっているわけです。**しかし、挨拶をするのに、そんな選別って意味があるのでしょうか。すれ違ったら、「こんにちは」と挨拶すればいいじゃないですか。挨拶されれば相手も気持ちよくなります。それは、自分の存在を承認してもらえたからです。そうすれば、多くの方が気持ちよくなり、その日はきっと気持ちよく次の仕事にも向かえると思います。1人の学生の力は限られていますが、こうして挨拶された方々はまた気持ちよく次の仕事に取り組める。幸せがどんどんと連鎖していくのではないでしょうか。コミュニケーションの基本としての挨拶の意味もありますが、相手の承認という意味での挨拶も、その役割は大きいと思います。

モチベーション、体調なども挨拶から把握できる

　私は職場では、少しいつもより大きな声で挨拶をしています。朝はみんな集中してメールチェックなど、自分の仕事をしているので、わざわざ挨拶を返してもらうのも申しわけないが、ある程度大きな声でしないと、誰が出社したかがわからない。誰が来たかを見なくてもわかることが重要だと思います。それは、わざわざ振り向いて誰かがわからないと、仕事を中断させることでロスが発生するし、電話がかかってきたときに、誰が来ているか、声で判断できていれば、すぐに対応できるからです。また、管理職側からすると、挨拶の声の大きさなどで体調、モチベーションなどを判断することもできます。

笑顔は意欲の表れでもある

　笑顔で大きな声での挨拶、これは挨拶をされた相手も幸せになり、それが連鎖していきます。その意味でも、読者の皆さんには、お願い事で恐縮

ですが、笑顔での挨拶を普及していただきたいと思います。そのためにも、いつでも笑顔でいることです。

恥ずかしながら、私もそれほど愛想のいいほうではありません。しかし、それでは、学生も声がかけにくいだろうと思い、大学に勤務してからは、毎朝、「今日も笑顔で頑張ろう」と自分に言い聴かせてから、出勤しています。

学生を見ていると、無意識ににこにこして、「先生、おはよう」と挨拶してくれる学生、会釈してすれ違う学生がほとんどです。

しかし、毎日、「おはよう」と言われると気持ちいいなと思い、私も続けているわけです。そうやって幸せを運んできてくれる学生に感謝しています。読者の皆さんにも幸せを運ぶ側の役割を担っていただきたいと思います。「ありがとう」「よろしく」など、心のなかで、思いを込めて、「おはよう」と挨拶しましょう。

笑顔での挨拶には、一定の自己肯定感が欠かせません。自己肯定感とは、自分のあり方を積極的に評価したり、自らの価値や存在意義を肯定したりできる感情のことです。そして、こうした自己肯定感があるからこそ、新たな仕事にも積極的に関わろうという意欲が生まれるわけです。その意味でも、笑顔で挨拶できるということは、大変重要なことです。

技13

いつも笑顔でいること

【演習13】（■ビジネスパーソン・■学生）

　繰り返しになりますが、ここでも挨拶の練習をしましょう。

〈挨拶を振り返る〉

以前より改善されたこと、周囲からの評価など

2 | 相手基準のマナー力
ー自分基準から抜け出そうー

相手に不快、不可解な印象を与えないマナーを兼ね備えている

Ⓧ 相手の求めている水準を意識し、観察や情報収集ができる人　VS　Ⓨ 相手の求めている水準をまったく意識しない人

5	4	3	2	1
Xに近い	どちらかというとXに近い	どちらともいえない	どちらかというとYに近い	Yに近い

それぞれに求められる基準を考える

　就職に関する個別相談で学生に教えることが難しいことのひとつが、髪型や服装です。特に髪型などは個性という側面もありますし、自分で問題がないと判断しているわけですから、なかなか指摘しにくいところがあります。そんなときには、「その恰好で丸の内、新宿等のオフィス街に行ったときに違和感ないかな」と尋ねるようにしています。学生が「ある」と言ってくれれば、「じゃあ、オフィスで求める基準で考えると厳しいね。キャンパスでは問題なくても、職場では問題ありだよ。それぞれで求められる基準が違うんだよ。今度はビジネスという世界に入るわけだから、そこで求められている基準に合わせないといけないね」と話します。自分のなかではOKでも、今度のところでは受け容れてもらえないかもしれません。

　同じ職場でも、メーカー、小売、金融など、業界ごとに、求められるマナー、服装、髪型、立ち居振る舞いがあると思います。そして、それには理由があります。

相手基準で考える

　自分だけを見ていたり、自分のモノサシだけで判断したりしていると、判断を見誤ります。また、相手基準のモノサシを持っていると、「主語」が見えてきます（「主語」のことは、「第2章2節　約束を守るー小さな約束こそ大切ー」で説明しています）。つまり、その業界でのルールや基準が、「誰のためか」ということです。通常はお客様です。

　営業に来られる方々を見ていると、すべてを聴き取ってメモをとっている人、もしくは頷きながら聴いているだけの人など、さまざまな営業スタイルがあります。メモをとる、とらないは、もちろんその担当者の方の自由です。記憶力が良ければ、敢えてメモなどとる必要はないかもしれません。しかし、それを相手がどう思っているかを想像する必要はあると思います。聴いているだけであれば、相手の人は、「本当に対応するつもりなのか」「全部漏れなく覚えているのか」など、不安になるでしょう。

　常に相手基準というモノサシを持ってください。

> **技14**
>
> 相手基準で考える

【演習14】（■ビジネスパーソン・■学生）

　相手基準で振り返ったとき、気づいたことを書き出してみましょう。ここでは、相手はお客様でも、上司・先輩でも構いません。学生の方は、サークル活動、アルバイトなどを踏まえて考えてください。

〈相手基準で振り返ったときの自己課題〉

自分の問題点、課題等

3 傾聴力で大きな差がつく
―頷け、そして相槌を打て―

相槌、アイコンタクトなど、全身を使って傾聴できる

Ⓧ 頷きながら、自分の意思・理解度　　　　下を向いていて何を考えているのか
　 等を表現できる人　　　　VS　　Ⓨ　わからない人

5	4	3	2	1
Xに近い	どちらか というと Xに近い	どちらとも いえない	どちらか というと Yに近い	Yに近い

承認・理解としての相槌・アイコンタクト

　学生に「コミュニケーションスキルの高い人ってどんな人を想像しますか」なんて尋ねると、「プレゼンテーションを流暢にこなす人」、「笑顔で挨拶ができる人」などといった解答が出てきます。もちろんこれも正解ですが、私は話すことより、聴くことを大切にしてほしいと思っています。特に、新入社員の皆さんには、「聴く力」を早く、しっかりと身につけてほしいと思います。

　新入社員であれば、研修を受けたり、上司・先輩から仕事のやり方を具体的に教えてもらったりの連続だと思います。つまり、話すことよりも聴くことのほうが圧倒的に多いわけです。そうであれば、まず「聴く力」をトレーニングすべきです。

　授業では、半期で500名程の学生と向き合うことになります。頷きながらメモをとって聴いている学生、下を向いている学生など、聴き方は実にさまざまです。面白いのは、聴いていないようで、聴いている学生が多いのも最近の特徴です。しかし、聴いていないように思われるのは、非常に

損だと思います。恥ずかしいとか、当てられたら嫌だなどの事情がはたらいているものと思います。しかし、笑顔で頷きながら聴いている学生を見ていると、非常に印象もいいのです。こうした学生は会社説明会でも好印象を与えるだろうなあと思います。

　なぜ頷くことが必要か。これも挨拶と同じだと思います。つまり、承認です。「私はあなたの説明を聴いていて、理解しています」というシグナルの意味があるわけです。これは話し手にとっては大変重要なシグナルです。わからない人が多ければ、説明方法を変える、再度説明するなど、何らかの対応が求められます。頷きが多ければ、どんどん次に進むことができます。社会では私たち一人ひとりは関係性のなかで生きています。お客様、上司・先輩など、そうした人たちとのやりとりがあり、仕事が成立します。しかし、大学では必ずしもそうした関係性を意識しなくてもなんとかしのいでいくことができます。だから、はじめて仕事になって反応することの重要性に気づくものと思います。

われわれは見られている存在である

　学生から、ある会社説明会参加の報告を受けました。説明会終了時、アンケートを回収されたそうですが、アンケート回収用のボックスを持った人事スタッフが最前列の左右に一人ずついらしたそうです。そして、アンケート用紙を受け取ると、自分の持っているボックスに収める場合と、もう一人のスタッフのボックスにわざわざ入れに行くことがあったそうです。その企業にお尋ねしたわけではありませんが、説明会の聴き方で明らかに区分していると推測されます。それは頷きなどの傾聴姿勢から就業意欲を見ているのかもしれませんし、メモのとり方で関心度や要約力などを判断しているのかもしれません。

　われわれは見られているんです。それに聴くという漢字、へんの部分は「耳」、つくりの部分は「目」と「心」です。私は「聴く」というとき、意図的にこちらの漢字を用い、全身で聴くように促します。

新学習指導要領では意欲・態度なども評価対象となる

　詳しいことは省略しますが、2020年、改訂が予定されている新学習指導要領では、「知識・理解」「技能」「思考・判断・表現」「関心・意欲・態度」の4つが主な観点として、生徒たちが評価されることになっています。ここで敢えて学習指導要領の改訂を取りあげた理由は、評価の観点として、「関心・意欲・態度」が含まれているということです。「関心・意欲・態度」などは、得点化しにくい項目です。頷いた回数、手をあげた回数など表層的な評価にも陥りかねません。評価法などは今後さらに具体的な検討が行われるでしょうが、近い将来、意欲・態度など、新たな評価法で評価された人たちといっしょに仕事をするわけです。つまり、こうしたことを評価され慣れてきた人たちと働くわけです。そうだとすれば、評価に敏感である可能性があります。たとえば、「頷いてください」「もっとアイコンタクトをとり、自分の意欲ややる気を示してください」といえば、そのとおりに行動するかもしれません。こうしたことも知っておいてください。

┌─ **技15** ─────────────────────

　「話す」より「聴く」を大切にする

└──────────────────────────

【演習15】（■ビジネスパーソン・■学生）

　あなたの聴き方、態度は問題ありませんか。相手（話し手）からどのように思われているかを想像してみましょう。

〈あなたの聴き方、態度についての問題点〉

あなたの聴き方、態度について、相手（話し手）が思っているであろうこと、もしくは指摘を受けたこと

4 要約力をつけて、伝え方もブラッシュアップ
―隠れたメッセージを探せ―

ゴール

> 相手の話を要約できる。相手が要約しやすい伝え方を身につける

❌ 相手の発言、文脈を踏まえ、質問したり意見を言える人　VS　Ⓨ 相手の発言、会話の文脈を意識せず、自分の言いたいことを話す人

5	4	3	2	1
Xに近い	どちらかというとXに近い	どちらともいえない	どちらかというとYに近い	Yに近い

要約しやすい説明を心がける

　ここで学んでほしいことは、次の２つです。

> ・要約力を身につける
> ・相手が要約しやすいような簡潔な説明力を身につける

　つまり、説明を要約することとともに、自分が説明する際も聴き手が要約しやすい説明法をとってくださいということです。特に配付資料なしで説明するときは、聴き手を「迷子」にさせない配慮が必要です。「迷子」とはどのテーマ、項目について説明しているのか聴き手がわからなくなる状態です。

　私も授業では、要約しやすい説明を意識しています。具体的には、「これから３つのポイントを説明します」「原因と理由を説明します」など、何について、どれだけ説明するかなど、テーマ、説明手順などをあらかじめ頭出ししておきます。先に頭出ししてもらえると、聴き手は非常に安心できると思います。

そして、要約のためには、冒頭を聴き逃さないということがポイントになります。要約力のある人は、聴き手の気持ちも理解できるので、説明も上手だと思います。

　たとえば、次の2つの文章を読み、どちらがわかりやすいですか。

A	講義の出席率が高く、単位取得率も高い。そのほかにも、図書館の書籍貸出率、自習室の稼働率がともに高く、平均学習時間も長い。○○大生は、よく勉強しているといわれている。単位取得のためだけでなく、自ら進んで学習に取り組んでいる。したがって、○○大生は、よく勉強していると判断できる。
B	○○大生は、よく勉強しているといわれている。なぜなら、単位取得のためだけでなく、自ら進んで学習に取り組んでいるからである。たとえば、講義の出席率や単位取得率が高く、そのほかにも、図書館の書籍貸出率、自習室の稼働率がともに高く、平均学習時間が長い。したがって、○○大生は、よく勉強していると判断できる。

　正解は、〈B〉のほうです。最初に結論が出てきているからです。実は書いてある内容はほぼ同じで、文の順番が異なるのと、接続詞を効果的に使っているだけです。順番が異なるだけでこれだけ相手の理解度に影響を与えるということです。

技16

伝えたいメッセージを探しながら聴く

【演習16】（■ビジネスパーソン・■学生）

　ここでは、学生に戻って、要約の練習をしてみましょう。もちろん、学生の皆さんも取り組んでください。

> 　大手牛丼チェーンＡの牛丼の魅力は、なんといっても、安さである。最近学食も決して安いわけではない。定食だって５００円前後である。そのため、アルバイト代が振り込まれる直前などは大変助かる。また、速さも魅力である。特に多忙をきわめるビジネスパーソンには、１０分以内の時間で手軽に利用できる。そして、味も美味しい。そのため、学生からビジネスパーソンまで、幅広い年齢層に支持されている。

5 配慮力ではたらきやすさ倍増
― 自分と同じように仲間を大切にする ―

ゴール

相手を慮るやさしさ、思いやりがある

Ⓧ 先生、お時間ありますか　VS　Ⓨ 先生、13時30分からお願いします

5	4	3	2	1
Xに近い	どちらか というと Xに近い	どちらとも いえない	どちらか というと Yに近い	Yに近い

自分と同じように相手を大切にしていますか

　学生が就活相談などで訪れると、「先生、いまお時間ありますか」と言える学生は、残念ながら 10 人に 2 人か 3 人程度です。

　コミュニケーションの基本は、簡潔に伝えること、相手が話したくなるような姿勢で聴くことです。そして、そうしたコミュニケーションの基盤は相手を大切にすることではないでしょうか。大切にしてくれない人の話を聴いたり、その人に対して丁寧に説明したりしますか。「NO」だと思います。自分が大切にされたいなら、相手のことも大切にしないと、筋が通らないですよね。単純な話です。しかし、それができないのです。忙しかったり、自分の意思を押し通したかったり、いちいち相手の都合を確認するのが面倒だったり……。理由や事情はさまざまでしょうが、相手の都合も聴かず、自分の言いたいことをいきなり説明してしまうわけです。そして、相手から不快感を示され、あえなく却下となり、自分の意思を通せないということになるわけです。

　「いま、お時間ありますか」わずか一言です。かつての職場である、株

式会社インテリジェンス（現・パーソルキャリア株式会社）では、仕事中に声かけするときはお互いに、「いま話しかけていいですか」と尋ねるのがルールとなっていました。これは非常によい習慣だと思います。「いまお時間ありますか」と聴かれて、「ない」と答える社員はいませんでした。気を遣ってくれていることがわかるから、相手も精一杯無理して、集中したくても、手をとめて対応していたものと思います。こうした相互の心遣いが相互の信頼、仕事を円滑に進める秘訣なんだと思います。

　この一言が言える人は、社会人でも少ないと思います。もし、皆さんの職場にこうした習慣がないようでしたら、ぜひこのフレーズをまずは所属部門で普及させてみてください。大切なことは、相手に対する気遣いです。

　『スタンフォードでいちばん人気の授業』（幻冬舎、2017年）では、著者の佐藤智恵氏がスタンフォード経営大学院を取材され、「この学校が世界最高峰の経営大学院でありながら、思いやりと慈愛に満ちた学校」であり、その「世界難関校の学校が教えているのは『思いやりと科学』」であったと述べられています。科学的な根拠、データ分析等が大切なことはもちろんですが、「思いやり」に関して「意外だなあ」と思われる方も多いことと思います。しかし、冷静に考えれば当然ですよね。私たちは常に関係性のなかで活動をしています。仕事に関して言えば、売る側と買う側、指示を出す側と指示を受ける側などの関係性があります。お客様に気持ちよく最適なご提案をさせていただく、部下や後輩がミスをせず、楽しく仕事に取り組めるよう依頼する。こうした配慮ができなければ、売れるモノも売れませんし、職場だってギスギスとしてしまいます。本当に自分のことを考えて提案してくれていると思うからこそ購入を決断する、自分のことを大切に考えてくれているからこそもっと頑張ろうと思う。だから、「大切なのは人間を理解すること、自分を理解することだと繰り返し教える」のだと思います。

　「実用文書の書き方」に関する授業では、私が最後に学生に伝えるメッセージは、やはり「思いやり」です。書いた文章には、通常読み手がいま

す。そして、読み手が求めていること、大切にしていることを満たして、はじめて評価されるわけです。つまり、どれだけ正確に文章を書けたとしても、相手の期待に応えなければ自己満足に終わってしまうわけです。だから相手が求めていること、相手が大切にしていることをきちんと把握したうえで書くようにと指導しているわけです。そして、相手の大切にしていることが、評価の基準にもなっているわけです。「忙しい方なのですぐにわかるよう簡潔に書こう」「急ぐと言われていたのでまず結論だけ伝えよう」など、相手に対する思いやりがなければ、評価を得られる文章は書けません。

技17

相手を大切にし、自分も大切にしてもらう

【演習17】（■ビジネスパーソン・■学生）
　配慮が足りなくて失敗したことを思い出し、書き出してみましょう。

〈あなたの聴き方、態度についての問題点〉

配慮が足りず失敗したこと

第３章　まとめ

　笑顔での挨拶、頷き、アイコンタクト、聴く力、思いやりなどの重要性を取りあげました。いずれも当たり前のことばかりです。しかし、これまであまりその出来・不出来を評価もされていませんから、社会人段階で差がついているのです。いまからでも十分間に合います。皆さんが必要性を感じてくださったなら、実行に移してください。

　この章でまず確実にできるようになってほしいことは、気持ちのいい笑顔での挨拶です。そして、常に相手基準で考えてほしいということです。

　新入社員のうちは、担当のお客様を引き継いでもらったり、部門でもなにかと教えてもらったりの連続です。そのときに、初対面の人、同じ部門の人に、「印象のよくない新人」と評されると大変な機会損失です。そのあとの仕事もうまく運ばなくなってしまいます。男女を問わず、笑顔で大きな声での挨拶を、徹底してください。もし、皆さんが本書を読み重要だと再認識してくれたら、その100倍程度重要だと思ってもらって間違いありません。そのくらい重要です。そして、大切なことは、「相手基準」で考えることです。

チェックリスト

※）①内容を理解した、②実践した、③技が定着した、④習慣化できた

	チェック	ゴール	技
3-1	①☐ ②☐ ③☐ ④☐	誰に対しても敬意を払い、好印象を与える笑顔での挨拶が習慣化されている	いつも笑顔でいること
3-2	①☐ ②☐ ③☐ ④☐	相手に不快、不可解な印象を与えないマナーを兼ね備えている	相手基準で考える
3-3	①☐ ②☐ ③☐ ④☐	相槌、アイコンタクトなど、全身を使って傾聴できる	「話す」より「聴く」を大切にする
3-4	①☐ ②☐ ③☐ ④☐	相手の話を要約できる。相手が要約しやすい伝え方を身につける	伝えたいメッセージを探しながら聴く
3-5	①☐ ②☐ ③☐ ④☐	相手を慮るやさしさ、思いやりがある	相手を大切にし、自分も大切にしてもらう

第4章

....

主体性を発揮しよう（＝自分事力）

1 気づきの感度を高めよう
―ただ見ているだけでは気づけない―

**物事が円滑に進むよう、チームや全体のために自分が
すべきことを考えることができる**

X 店舗見学に行き、予め準備してきた
視点に基づいて気づきを書き出せる人　VS　**Y** 表層的なことにしか気づけない人

5	4	3	2	1
Xに近い	どちらか というと Xに近い	どちらとも いえない	どちらか というと Yに近い	Yに近い

これまで評価されることの少なかった「気づき」

　働いていると、どんな職種であっても、気づきの感度の高い人、鈍い人、その差は随分とあるように思います。ある意味、これは仕方のないことなのかとも思います。小・中・高・大という教育機関では、「気づきの感度」なんて科目もないですし、評価基準もありません。また、「気づき検定」などという検定試験もありません。ですから、自分の立ち位置を確認することもできません。したがって、もともと高い人はずっと高いままですし、低い人はそのことにすら気づけずにいる。そして、学生時代はそのことがあまり表面化することもなかったからいいのですが、働くようになってはじめて、職場で困るというものではないでしょうか。

　しかし、仕事では、気づかないことには、行動に移せないわけですから、気づきの感度を高めることはきわめて重要なビジネスパーソンのスキルのひとつだと思います。

気づきの感度を高める３つのポイント

　学生を見ていると、気づきの感度の鈍い人には、次のような特徴があります。

> ・自分の価値観だけで判断する人
> ・こだわりの強い人
> ・他人への関心の低い人

　さて、皆さんはいかがでしょうか。当てはまる人がいても大丈夫です。次をご覧ください。気づきの感度を高めるためのコツです。

> ・視点を持つ
> ・準備の時間を設けシミュレーションする
> ・気づきの感度の高い人を観察する

　小売・流通業を志望する学生には、必ず店舗見学に行くよう勧めています。しかも競合店にも行き、その結果を表にして比較・検討するよう指導しています。しかし、ほとんどの学生が、着眼点は共通で、接客のみに焦点しています。したがって、「接客が丁寧であった」とか「店舗の出口まで見送っていてホスピタリティの高い接客をしていた」という程度のものしか出てきません。「店舗って店員とお客様しかいないのですか」という話です。店舗に行くなら、店舗のロケーション、看板、照明、陳列、空調、商品の探しやすさ、金額等の表示などもあるでしょうし、新規性、斬新さ、独自性などもあります。また、お客様であっても、年齢層、男女別などの特徴を見つけることもできるでしょう。こうした視点を事前に考えてから行かないと、単なる「お客様としての見学」になってしまいます。また、準備とは、後述のように一連の動作を最初から洗い出してみることです。

　また、オフィスで気づきの感度が鈍いと深刻です。ますます自分がすべき仕事が減り、最終的には居場所がなくなってしまいます。

　そのようなときは、朝出社してから、帰社するまでの様子をシミュレーションしてみることです。エントランスでカードをかざす、ドアを開ける、挨拶する、席につく、PC 電源を入れる……。ポイントはそうしたとき、会っ

た人にできることをシミュレーションすることです。ドアを開けたら同僚がいた、ドアを開けてあげ元気よく挨拶するなどです。そして、もうひとつポイントがあります。いちばんに出社したり、最後に退社したりということを数回行ってみることです。こうすると、多くのことに気づけます。朝いちばん、電気もついていませんから、電気のスイッチを入れる、空調もついていなくてむし暑かったり、冷え込んでいたりもします。そうした準備をしていると、清掃の方がいらしてくださったり……。つまり、すべきことも多く、またすれ違う人も異なります。退社時も同様です。電気や空調を消して退社します。遅くまで頑張っている人がいたり、声をかけてくれる人がいたり、同じオフィスでも随分と「景色」が異なります。実は、これは私が気づきの感度を高めるために行ってみたことです。このおかげで、いままですぐに席について仕事をしていましたが、実は朝早くから頑張ってくれる方がいると思い、自分でもコピー用紙の補充などを自発的に行うようにしました。そして、もうひとつは観察です。気づきの感度の高い人を見つけ、その人の行動を観察し、真似をすることです。

確証バイアスがはたらいている

　確証バイアスというものがあります。たとえば、採用面接のシーンにおいて、この学生を採用したいと思えば、その学生のいいところだけを見てしまうということです。大学名、明るい表情、ハキハキとした説明など、いいところ、目につきやすいところだけを見てしまい、見えにくいところは見ないというものです。恋愛などで好きになってしまうと、その人のいいところだけしか目につかないというのと同じです。結論ありきで考えていると、こんなことにもなりかねません。

　さて、担当業務で見落としていること、確証バイアスがはたらいていることはありませんか。気づきの感度が鈍いと、表層だけを追い、核心、本質を見落としてしまうことにもなりかねません。

技18

視点を持って観察する

【演習18】（■ビジネスパーソン・■学生）
　所属部門、チームのためにあなたがすべきこと、できることをすべてあげてください。
実現可能性は問いません。いまの部門、チームにとって必要なことでも構いません。

いまの部門、チームのためにすべきこと、できること

2 「ちょっとした勇気」が大きな差になる
―とりあえず手をあげてしまう―

ゴール

恥ずかしいなどの感情をコントロールして、行動に移せる
「ちょっとした勇気」がある

Ⓧ とりあえず拙い意見でも発信する人　VS　Ⓨ 聴いているだけの人

5	4	3	2	1
Xに近い	どちらか というと Xに近い	どちらとも いえない	どちらか というと Yに近い	Yに近い

誰だって恥ずかしい

　恥ずかしいという気持ちは大変よく理解できます。私もそうですから、学生が授業などで発言するには相当の勇気が要ることは理解できます。そして、発言するメンバーはいつも同じということになってしまいます。そうした学生は、発言したことで自分の改善事項も見つかり、ますます表現力も高まっていきます。

　授業で学生の様子を見ていると、発言したいけど手をあげる勇気がないという学生は手に取るようにわかります。そうした学生に気づいたときは、授業の前後に声をかけるようにしています。「最近どう？」「なんか面白いことあった」など、他愛のない雑談をちょっとするだけです。すると、必ず手をあげて発言したり、質問に訪れてくれたりします。

　その意味では、教員の役割として、教えることも大切ですが、大学でも「背中を押してあげる」ということは重要です。そのように考えると、教員こそ気づきの感度が高くないと務まらない仕事だと思います。

　居酒屋で飲んでいると、「とりあえず生ビールでいいですよね」と誰か

が仕切ってくれて、店員さんに「生ビール6つお願いします」などと注文してくれる人がいます。やや乱暴と思われるかもしれませんが、こんなノリで発言したり、提案したりすればいいのではないでしょうか。

　私はキャリア系の授業を担当しておりますので、学生の主体性を促すということも役割として担っています。いろいろなアプローチで学生の意欲を促すわけですが、こんな発言をすると周囲から疎まれる、変わっているなどと思われたくないなどといった理由から、控えてしまうようです。そこで、授業ではペア制による発言を提案することもあります。私の質問に対し、答えが見つかったら、隣の学生に声をかけて、意見が一致したら2人の意見として2人で発言してみる。少なくとも、自分と同じ考えをもつ学生が1人いるわけです。味方がいてくれるわけですから、少し安心できます。

とりあえず手をあげてしまう

　さて、仕事では容赦なく意見を求められますから、「恥ずかしい」なんて言ってはいられません。それもで、タイミングを失し意見を言いそびれてしまったということはあると思います。

　しかし、本書の中心的な読者層でもある、若きビジネスパーソンの皆さんには、どんどんと発信してもらいたいと思います。たとえば、新入社員が配属された部門って、どことなくきらきらとしています。これは新入社員だからこそできる技だと思います。新入社員がいる部門は部門全体が元気で輝いて見えます。周囲を元気にするわけですから、いるだけでも十分役割を発揮してくれていると思います。

　しかし、存在だけではプロのビジネスパーソンとしての役割を発揮していることにはなりません。それに、意見を述べようと決めると、ミーティングでの聴く姿勢も違ってきます。聴いているだけでは、やはり受け身の存在です。

　私も、どちらかというと引っ込み思案でしたから、「必ず1回発言する」

と決めてから、ミーティングに臨んでいました。失敗してもいいのです。失敗しないことよりも、失敗してノウハウや教訓を積み上げることのほうがはるかに成長できます。また、これはやや乱暴ですが、**とりあえず、手をあげてしまえばいいのです**。そして、当てられたら、いま考えていることを述べればいいのです。右手（もしくは左手）を机から切り離し、顔の脇に差し出すだけです。難しく考えることはなく、実は簡単なのです。

週1回のミーティング、年間では48回になります。さすがに48回、的を射ない発言をすることは、むしろ難しいですが、週1回でも年間48回の失敗ができるわけです。新入社員の成長は無限です。どうか新入社員に与えられた失敗する権利を生かし、堂々と失敗してください。それは組織を輝かせることにも貢献します。

発言などのとき、自信がなかったら、こんな方法もあります。「まだ考え中なんですが、こんなことを考えていました」など、いまの状況を伝えるという方法もあります。完璧な意見を述べようとするから、発言を躊躇するんです。これも学生に伝えていることですが、途中でもいいじゃないですか。大切なことは、発信するということです。

> **技19**
>
> 誰かと協働する。手をあげてから考える。最初から完璧を求めない

【演習19】（■ビジネスパーソン・■学生）
　発言する場面と頻度を決めてください。それだけです。

〈発言する場面と頻度〉

発言する場面

頻度

3 当事者意識を持とう
―シミュレーションが自分の財産になる―

チームや全体のために「他人事」ではなく、「自分事」として
捉えることができる

X 自分の工夫や配慮が足りないと
考える人　　vs　**Y** 相手が悪いと考える人

5	4	3	2	1
Xに近い	どちらか というと Xに近い	どちらとも いえない	どちらか というと Yに近い	Yに近い

常に役割と責任を考えて行動する

　学生に何かサポートして差しあげると、「～してほしかったです」「また
声をかけてください」といった類のメールをもらうことがあります。本人
としては、希望やお礼を述べているつもりだと思いますが、正直なところ、
大変落胆します。まだまだ、「『自分事』としては捉えられていないんだな
あ……」と。

　たとえば、「また声をかけてください」の場合、「また参加させていただ
きたいです。いつ頃、ご連絡させていただけばよろしいでしょうか」とい
うメールを期待しているわけです。これは表現上のことを問題視している
のではなく、考え方や意欲・姿勢に関わる重大な問題です。

　社会人と学生との違いは、経済的に自立しているかどうかということの
ほか、「役割」を担っているかどうかだと思います。役割を担っている人
であれば、上述のような他人事のような発言はありません。新入社員であっ
ても、研修が終われば、それぞれの部門に配属され、役割を担うことにな
ります。つまり、自分が負わなければならない責任と言い換えてもいいか

もしれません。自分が役割を果たせなければ、誰かに迷惑をかける存在となるわけです。学生であっても、この会社に入社したら、こんなことをしたいと自分のやりたいことやその役割をシミュレーションしてみることです。そうすると、仕事を「自分事」として受け止めることができると思います。

「自分事」として捉え、仕事を前に進める

　学生のES（エントリーシート）を添削していると、志望動機として、「子どもたちを元気にするお菓子を企画したい」「グローバル時代を踏まえ、海外売上を拡大したい」などの表現が見受けられます。どれも否定しません。決して間違っているわけではありません。しかし、「そこに、あなたはどのように関わっていきたいのか、その関わり方を具体的に教えてください。あまりにもこれだけだと、他人事ですよね」ということが言いたいわけです。

　当事者意識の有無は、言動の些細なところに表出してしまいます。それを上司、まして管理職の方々は見逃さないでしょう。自分のほうが仕事ができると思っているのに、別の新人のほうが難易度の高い仕事を任されているのは理不尽だなんて思うシーンがあったら、こうした意識・姿勢を問われているのではないでしょうか。

　理解してもらいやすいように、学生の事例を取りあげましたが、ビジネスパーソンの皆さんには、「自分事」として受け止める習慣をつけてほしいということです。大切なことは、受け止め方です。問題・課題をどのように受け止め、自分として具体的にどのような対応策をとるのかということです。そこが知りたいわけです。言葉が拙いなどは二の次です。

　職場ではコメントや批判が上手くても儲かりません。自分のできること、自部門でできることを具体的に考え、前に進めるだけです。

他責化に成長なし、すべて自責で考える

　居酒屋に行くと、たくさんの愚痴や批判を聴くことができます。ある意味、ニーズの宝庫かもしれません。しかし、人に対する愚痴や批判は責任回避です。同じ会社や組織にいる以上、仲間です。自分は何か支援できないかなどと考えて当然ですね。

　そうした愚痴を聴いていると、「メールしたのに見てくれていなくて……」なんて話を耳にします。でも、相手がメールをあまりチェックしない人なら、電話すればいいわけです。つまり、相手のもっとも受け取りやすい方法を考えたり、忙しいから見落とすだろうということを察知すればいいだけのことです。このままでは、いつまでも成長できません。

　「他責化に成長なし」、これは私がビジネスパーソンとして働き、もっとも強く感じていることのひとつです。相手が見ないのがわるいと考える人、相手に見てもらうための配慮や工夫が足りなかったと考える人、こんなに大きく人の考え方は異なるのです。どうか新入社員の皆さんには、後者のような、「自分事」として捉える思考を身につけていただきたいと思います。「他責化に成長なし」です。

技20

すべて「自分」に起きたこととして受け止める

【演習】

　ありません。少しこのあたりで休みましょう。リフレッシュしてください。リフレッシュというタスクを課しているわけです。なぜだかわかりますか。

「考動力」をつける
—いつも自問自答する習慣を—

ゴール

自ら考え、行動に移すことができる

Ⓧ 先生、○○について、△△と考えているのですが、いかがですか　VS　Ⓨ 先生、〜がわかりません

5	4	3	2	1
Xに近い	どちらかというとXに近い	どちらともいえない	どちらかというとYに近い	Yに近い

自分で考えることが増える時代

　これは今後のビジネスパーソンとしての基盤をつくるうえでも大変重要な能力だと思います。ぜひ、そうした認識で以下、取り組んでください。

　法政大学キャリアデザイン学部の児美川孝一郎先生は、著書『キャリア教育のウソ』（筑摩書房、2013年）のなかで、「高校生100人の村」を示されています。それによると、「高校入学者が100人いたとすれば、どこかの段階までの教育機関をきちんと卒業し、新卒就職をして、そして3年後も就業継続をしている者は、実は41人しかいない」という分析をされています。つまり、従来のように、同じ会社で生涯を過ごすなんてことは、すでに崩壊しているわけです。したがって、会社が準備してくれた新入社員研修、フォローアップ研修、リーダーシップ研修などを受講して、その職場で成長していくという時代ではないのです。自分で「自分の標準」を開拓していかなければならないのです。自分で辞めるべきか残るべきかを考え、判断し、行動に移していかなければならないのです。その意味でも、なぜ辞めるのか、なぜその転職先を選択したのかなど、**自分で問いを立てて、**

その why に自分で正当性のある答えを出していかなければなりません。「なんとなく」「待遇が……」「朝が早いので……」というだけでは、転職理由にはなりません。これらはあくまで辞めたい理由に過ぎません。

なぜ〜ですか—その因果を答えられるか

　学生の就職相談を受けていると、よくある質問として、「地元で事務職として働きたいのですが……」というものがあげられます。

　私は、そうした学生には、次の2つの質問をします。

・なぜ地元なのですか
・なぜ事務職なのですか

　「地元の景気動向、産業の特徴、10年後の地元の景気見通しなど、どのように分析しているのですか」ということをお尋ねしたいわけです。すると、何も考えていないことが多いわけです。もしくは、「両親が『実家に残ってほしい』といっているので……」という解答が出てきます。しかし、それは自分の都合であって、地元に残る合理的な解答とは思えません。「事務職」ということについても、学生は、「営業はノルマが厳しそうだから」という消極的な選択が多いです。営業、販売、製造など、職種の特徴をよく理解したうえで、事務職ならいいですが、全員が事務職に適しているなんて思えないわけです。

　普段から、考えている人って、違ったりしませんか。よく学生とは話をするんですが、「アルバイトをしているときって、どんなことを考えて働いているのかな」なんて質問をします。

　素直な学生ばかりですから、「あと30分で500円もらえる」とか、「（閉店間際で）もう片付けに入るからお客さんに来ないでほしいとか思っている」なんて、本音を語ってくれます。学生の解答としては、正直でいいのですが、「社会人の視点だと厳しいよ」と私の「説教」が始まります。

　「お客さんに来ないでほしいというけど、来てくださらなかったら、自分

は雇ってもらえるのかな」と質問します。あるいは、「頭のなかでは何を考えても自由かもしれないけど、少しお客様のことを考えてみてはどうですか」などと提案します。「自分がこのお店の店長だったらどんな企画を考えるか、お客様にあと1品、ご購入いただくにはどうしたらいいか、そんなことを考えて店長さんに提案したら、喜んでもらえると思うよ」なんて話をします。

　しかし、普段からこのようなことは考えていないと、なかなか答えなんかすぐには出てきません。あと1品ご購入いただくには、どのような商品を、どのようなトークで提案すべきかなど、具体的に考えてほしいのです。そして、考えたら行動に移してほしいのです。つまり、お客様の消費行動・傾向などから気づいたことを踏まえ、考え、そして行動に移す。これを「考動力」という造語で表現しておりますが、**気づき➡思考➡行動（＝考動力）を習慣化**させてほしいのです。これは、普段から習慣づけておかないと、なかなか身につくものではありません。

```
技21
```

気づいたことをもとに考える、そしてすぐに行動に移していく

【演習20】（■ビジネスパーソン・□学生）

　さて、演習がまた始まります。ここの演習がやや重たいので、前回はお休みをとっていただいたわけです。

　さて、リフレッシュして、頑張りましょう。そして、多くのメンバー・先輩・上司から、「いっしょに働きたい」と支持される人材になりましょうね。

　次の４つの質問に答えてください。

① なぜお客様は、その商品・サービスを購入してくださるのですか
② ①に関するエビデンスや根拠はありますか
③ なぜお客様は、競合には行かない（支持しない）のですか
④ ③に関するエビデンスや根拠はありますか

5 惜しまず働く
一自分の損得より、社会・世界の幸せ・利益を最優先する一

働き惜しみをせず、粛々と行動できる

X 困っていることを見つけ、自分にできる支援に着手する人　VS　Y ボランティアに行くことが目的になっている人

5	4	3	2	1
Xに近い	どちらかというとXに近い	どちらともいえない	どちらかというとYに近い	Yに近い

　これは心の中の問題かもしれません。しかし、敢えて取りあげました。

　いま大学では学生のボランティア活動が盛んです。学生のボランティアを支援する施設や機関などが設けられている大学もあります。

　繰り返しになりますが、本書は、能力やスキルを学ぶためのものではありません。自分の行動を振り返りながら、考え方や意識などを変えていただくためのものです。そして、「一生モノの考え方」をたくさん獲得し、それらを浸透・定着させ、習慣化してほしいということです。

何のためにボランティアに参加するのか―目的の正当性を考える

　ボランティアに行くことを否定しているわけではありまません。しかし、行く際の考え方ひとつで随分と見える景色も変わってくるということです。

　まんが家の故・やなせたかしさんは、著書『わたしが正義について語るなら』（ポプラ社、2013 年）のなかで、「傷つくことなしに正義は行えない」ということを述べられています。私は、この本を読んで、はじめて「アン

パンマン」の意図を理解したような気がしました。アンパンマンは常にひもじい人に対して、自分の顔を差し出して、救済していました。そして、交換の顔をジャムおじさんがつくってくれていました。やなせさんにとっての正義とは献身と愛であり、それを伝えるために、アンパンマンがいたのかと……。

　自己成長のためにボランティアをすれば、自己の成長も果たせますし、困っている人たちを救済することもできます。しかし、自己成長がボランティアの目的になっている人たちは、自己成長が遂げられないようなボランティアには参加しないということになってしまうのではないでしょうか。ボランティアって、自発的に困っている人たちに対して、自分のできる無償の愛や労働を提供することです。ボランティア（volunteer）の形容詞 voluntary には、「自発的な」とか「自由意思をもった」という意味があります。

　自己成長を軸にした支援と、本来的な支援とでは、助けてもらう人への手の差しのべ方は異なってくるのではないでしょうか。

「利他の精神」を学ぶ

　「利他の精神」なんて言葉がありますが、本来ボランティアは無償の支援提供です。自己成長のためのボランティアを否定しているわけではありません。しかし、自己成長に対する優先度が高くなると、手を差し伸べる相手が何を求めているかということが見えなくなってしまうのではないでしょうか。そうすると、主語が I（自分）の状態ですね。つまり、「自分基準」で考えてしまうわけです。

　ボランティアも仕事も、常に大切なことは、「相手基準」で考えているか、相手の望むことを考えているかということに尽きます。

　職場でも自分の損得だけで仕事をしている人がいます。たとえば、あまり評価されないようなことは、いっさいしないという方が残念ながら見受けられます。よくあるのはコピー機の用紙、トナーの補充、電話応対など

の仕事です。誰かがしないと困るわけです。会社によっては、ウィークリー単位などで当番制にしているところもあるようですが、いつも同じ人が行う傾向にあるように思います。しかし、トナーの補充等もやっておくといいことがあるんです。ある日、提案書の不備に気づき、訂正・印刷して、週明け月曜日に持参しようと思い、休日出勤しました。すると、急にトナーがなくなってしまったのです。しかし、トナーの場所、交換方法も知っていたので、何の問題もありませんでした。しかし、場所も方法も知らなかったら、休日で誰にも教えてもらえません。

　新入社員の皆さんは、どうすれば、先輩方の生産性があがるか、もしくはもっとお客様に有益なことはないかなどを考えるといいと思います。

技22

損得を抜きに行動する

【演習21】（■ビジネスパーソン・■学生）
　本節を読み、反省したことを書き出してみましょう。

反省したこと

6 | リーダーシップ
―人はお金で動かない―

ゴール

チームのなかで必要に応じて、リーダーシップをとることができる

Ⓧ メンバーの力量を見立て、目的・ゴールを
　説明しながらファシリテートできる人　VS　Ⓨ 役割分担を決めたらあとは
　指示を出すだけの人

5	4	3	2	1
Xに近い	どちらか というと Xに近い	どちらとも いえない	どちらか というと Yに近い	Yに近い

役割としてリーダーシップを担う

　課長、マネジャー等の役職者ではなくても、リーダーシップを発揮しなければならない場面は多々あります。

　大切なことは、「肩書」ではなく、「役割」として、リーダーシップを担っているということです。マネジャー、リーダー、メンバー、これらはすべて役割です。全員がマネジャーになる必要もありません。適任な人がなればいいだけのことです。リーダーシップ、フォロワーシップ、どちらも大切な役割です。

　皆の意見を収集し、それをスピーディに整理して、またフィードバックしていく、メンバーのモチベーション等の変化を察知できる、トップの方針・意向等を自部門向けに翻訳し、発信できる。リーダーというと発信力が問われるようですが、私はむしろ上司の意向を聴いて翻訳する、メンバーの情報をヒアリングするなど、むしろ聴くことのほうが大切だと思います。

　そして、環境変化を読み取りながら、部門目標達成に向けての強いコミットメントが求められるわけです。リーダーとメンバー、これは指示をする

立場、受ける立場となります。組織である以上、リーダーの存在は不可欠です。そして、指示を出すという役割も必要です。しかし、指示を出しただけでは人はついてきてはくれません。ビジネス書のコーナーにもたくさんのリーダーシップに関する書籍が並んでいるのは、リーダーシップの在り方に悩んでいる人がいかに多いかということを物語っているものだと思います。

　リーダーとメンバーの決定的な違いは、指示を出すかどうかだと思います。そうであるとすれば、指示の出し方、指示を達成してもらうまでのプロセスに、リーダーの力量が表れます。

〈指示の出し方〉
・指示が具体的でお互いが成果のイメージを具体的に共有できている
・仕事の必要性、顧客価値、全社での位置づけを簡潔に説明している
・メンバーの同意を確認している
〈プロセス〉
・適宜、進捗度合いを共有し、内容・納期等の確認をする
・動機づけ

「やってみせ、言って聴かせて、させてみて、褒めてやらねば人は動かじ」

　これは、かつて連合艦隊司令官として真珠湾攻撃を指揮した人物、山本五十六の言葉です。これは実に短い言葉で、人を動かす基本が押さえられていると思います。まず、自分が見本を示し、手順を説明し、やってもらって、褒めていく。これが人を動かす基本だということでしょう。

翻訳力、観察力、そして人が好きか

　たくさんのリーダーシップに関する書籍が発行されているとおり、正解はひとつではありません。自分や自部門にとって、有効と思われる策を活用すればいいのだと思います。

　リーダーシップというと、カリスマとか、発信力が議論の中心になってしまっているように思います。しかし、上述の〈指示の出し方〉〈プロセス〉

に必要な能力・スキルを冷静に考えれば、むしろ次のようなことが大切に
なってくると思います。

・翻訳力：上司・トップの方針等を聴き取り翻訳する
・観察力：メンバーのモチベーション等の変化を察知する

　そして、リーダーにとって何よりも大切なことは、「人が好きか」というこ
とだと思います。メンバーの面倒を見ていくわけですから、人が好きでな
いと向いていません。自分と気の合わないメンバーもいます。それでも嫌
いになったら人なんてついてきてはくれません。人を愛し、人の成長を共
有できる人格者でなければなりません。

技23

チームメンバーの幸せを考える

【演習22】（■ビジネスパーソン・■学生）
リーダーシップを発揮する際の自己課題を、見える化しておきましょう。

項目	改善すべき自己課題
翻訳力	
観察力	
そのほか	

118

第4章　まとめ

　ここでは、「気づき」「自分事」「考動力」などという言葉が出てまいりました。大切なことは、他人事ではなく、自分事として受け止め、スピード感をもって行動に移していくということです。しかし、問題意識が低いと、気づくことも少ないため、思考もはたらきません。そのためにも、大切なことは、視点を持って観察することです。

　1日も早く、「気づき➡思考➡行動（＝考動力）」のサイクルを習慣化させてください。

　また、「利他の精神」についても学びました。自分の損得だけを考える人が多ければ、そのチームは機能しなくなってしまいます。お客様、チームメンバーなど、関係する方々に敬意を払い、仕事を前に進めてください。

 **チェックリスト**

※）①内容を理解した、②実践した、③技が定着した、④習慣化できた

	チェック	ゴール	技
4-1	①□ ②□ ③□ ④□	物事が円滑に進むよう、チームや全体のために自分がすべきことを考えることができる	視点を持って観察する
4-2	①□ ②□ ③□ ④□	恥ずかしいなどの感情をコントロールして、行動に移せる「ちょっとした勇気」がある	誰かと協働する。手をあげてから考える。最初から完璧を求めない
4-3	①□ ②□ ③□ ④□	チームや全体のために「他人事」ではなく、「自分事」として捉えることができる	すべて「自分」に起きたこととして受け止める
4-4	①□ ②□ ③□ ④□	自ら考え、行動に移すことができる	気づいたことをもとに考える、そしてすぐに行動に移していく
4-5	①□ ②□ ③□ ④□	働き惜しみをせず、粛々と行動できる	損得を抜きに行動する
4-6	①□ ②□ ③□ ④□	チームのなかで必要に応じて、リーダーシップをとることができる	チームメンバーの幸せを考える

第5章

....

効果的な伝え方を活用しよう
（＝発信力）

1 | 方法判断力
―コンテンツと方法をセットで考える―

ゴール

口頭、メール、電話、書面等、場面に応じた使い分けができる

❌ メールと電話を活用できる人　VS　Ⓨ 1 時間後の予定変更をメールで対応する人

5	4	3	2	1
Xに近い	どちらか というと Xに近い	どちらとも いえない	どちらか というと Yに近い	Yに近い

伝え方も相手基準で考える

　固定電話というツールがいつなくなるのかなどといったことをよく想像します。特に自宅の電話は、私もピザの宅配注文のときくらいしか使いません。電話も滅多にかかってきたりしません。そうした時代背景もあり、電話というツールに慣れていないのが、いまの学生たちです。極端に電話をかけることを嫌います。これは慣れていないことであり、仕方のないことです。また、しばしば、「会社への遅刻連絡はメールで済ませていいか、電話をすべきか」なんてことが議論のテーマにあがっていることを見ると、世論も賛否が分かれているのだと思います。

　ここでも考えてほしいことは、「相手基準」という判断基準です。伝える相手にとって、どちらが最適かという基準です。どちらが正解ということもありません。

　学生との個別相談等で、連絡のやりとりをすることが頻繁にありますが、「もう少し考えてほしいなあ」と思うシーンが多々あります。たとえば、次のようなものです。

> ・直前の予定変更をメールで送ってくる
> ・メールで自分の名前を名乗らない（誰からのメールかわからない）
> ・返信が遅い（翌日以降）
> ・送信内容を削除して、自分のメール部分だけを送ってくる（これまでのやりとり　がわからない）

　愚痴になってしまいそうですが、毎日学生からのメールを受信していると、仕事の段取りが大きく変わることがあります。

　「日程調整なら電話してくれれば、1度で済むのになあ」とか「1時間後の変更をメールで言われてもなあ（電話をくれればいいのに）」などと、大きくその日の予定が変更され、つい愚痴をこぼしてしまいます。事の本質は、想像力の欠如にあると思います。働いている人がどれだけ忙しいか、どれだけ時間を大切にして細かくスケジュールを組んでいるかとか、学生からのメールのほか、働いていると、1日50～100件以上のメールを受け取っている、などが想像できないのだと思います。

伝える方法を合理的な基準で選択する

　「伝える」というとき、私たちは、内容には気を配るのですが、伝え方には、やや配慮が足りないように思います。

　相手がメール中心の方であれば私もメールにしたり、ご無沙汰している方であればメールで済むことも電話をしたりと、相手の様子を想像しながら、最適の状況で情報を受け取ってもらう方法を選択します。

　かつて勤務していた総合人材サービス企業は、メール文化でした。メンバーも若いですから、ITリテラシーも高く、非常にスピーディにメールを受発信します。もちろん、電話も使います。つまり、伝え方に関しても相手基準で決めてほしいということです。

　私は、メールでも電話でもいいときは、午前はメール、午後は電話と一応の目安をもっています。午前中は比較的集中力が求められる仕事をしている人が多いかなという判断基準です。

相手基準で最適な方法を選択する

【演習23】（■ビジネスパーソン・■学生）

メールと電話、使い分けは大丈夫ですか。あなたの使い分けの基準を教えてください。

メールと電話の使い分け基準

上記で問題となったこと

2 表現力
—いったん整理してから伝えよう—

結論から簡潔に伝えることができる

Ⓧ 簡潔に話せる人　VS　Ⓨ 思ったことをそのまま話す人

5	4	3	2	1
Xに近い	どちらか というと Xに近い	どちらとも いえない	どちらか というと Yに近い	Yに近い

4つのコツを修得する

　学生から、「どうすれば、簡潔に話すことができますか」「私の説明はくどいとか言われることがありますが……」という類の質問をしばしば受けます。確かに、長々と聴いて、「で、何が言いたいの？」なんて失礼な質問をすることも珍しくありません。私も新入社員のとき、上司へのほうれんそうでは、必ず付箋にいったんメモしてから報告等を行っていました。

　伝える以上、必ず相手がいるわけです。その意味では、「伝わる」ことが重要です。

　そのためには、次の4つの伝え方のコツを習慣化しておくといいと思います。

聴き手が知りたいこと≠話し手が伝えたいこと

　伝えるというとき、最重要ポイントは、「話し手（自分）は知っている情報を話し、聴き手（相手）は知らない情報を受け取る」ということです。自分は知っているから、べらべらとたくさんのことを話したくなる。自分

126

〈効果的な伝え方のコツ〉

コツ	○×	具体例
①結論から伝える まず、結論を伝え、それに続けてその結論に至る根拠、理由などを説明する	○	私には状況対応力があります。体育会系のソフトボール部に所属しておりますが、中学生のときから、キャッチャーをしていました。バッターの立つ位置、表情などはもちろん、ピッチャーのコントロールなどの調子、ゲームの流れなど、常に全体の状況を見ながら、指示を出していました。
	×	私は中学生のときから、ソフトボールをしていました。大学でもソフトボール部に所属しており、キャッチャーをしていました。バッターの立つ位置、表情などはもちろん、ピッチャーのコントロールなどの調子、ゲームの流れなど、常に全体の状況を見ながら、指示を出していました。こうしたことから、私には状況対応力があると思います。
②話す内容やテーマを冒頭で伝える 何についての説明なのかを冒頭で伝える	○	私の長所・短所について説明します。まず私の長所は明るい笑顔でコミュニケーションをとれることです。一方、弱みは優柔不断なところです。今後は強みを生かして頑張っていきます。
	×	私の長所は明るい笑顔でコミュニケーションをとれることです。一方、弱みは優柔不断なところです。今後は強みを生かして頑張っていきます。
③具体的に伝える できるだけ具体的に説明する	○	私は、貴社の雰囲気、環境関連ビジネスの将来性、および自分の適性等を踏まえ、御社への入社を志望しています。
	×	私は、いろいろなことから、御社への入社を志望しています。
④定量的に伝える 長さ、大きさなどは、センチ、グラムなどを用い、できるだけ明確に説明する	○	いまのアルバイトは高校3年生のときから、約3年間続けています。接客マナーも向上し、売上も昨年に比べ1割程度伸びています。
	×	いまのアルバイトは結構長く続けています。接客マナーも向上し、売上もいい感じで伸びています。

で調べたり、苦労して得たりした情報ならなおさらです。しかし、そうして脱線するほど、相手は聴くのが辛くなるわけです。仕事で聴きたいのは、まず「結果・結論」です。つまり、「聴き手が知りたいこと≠話し手が伝

えたいこと」なんです。このことを念頭に入れておくとよいでしょう。苦労話も大切ですし、評価もしてもらいたいし、労ってももらいたいです。しかし、まず結果・結論です。

　テーマの頭出しも重要です。自分が知っているから、すぐに本論から話を始めたいところですが、相手は何も知りません。相手の頭のなかにインプットのためのフォルダを用意してもらうためにも、「昨日の○○社との打ち合わせ結果についてですが……」と頭出しをしてあげると、相手も聴く姿勢がとれます。案件によっては重要なのできちんと別に時間をとって聴きたいとか、相手には相手の判断があります。そのための準備をしてもらうことに貢献するのが、テーマの頭出しです。

　学生には、テレビの2時間ドラマの例で、この重要性を説明しています。「○○サスペンス」など、2時間ドラマでは、冒頭の1〜2分で、全体のストーリーをダイジェストで放送します。もちろん結論までは伝えませんが、その手前のところまでのストーリーを伝えてくれます。これがあるから、放送途中で友だちからのLINEの返信をしたり、トイレに行ったりしても、すぐに内容を理解することができるわけです。最初に全体概要やテーマを伝えることがいかに重要かということです。

　駅から大学までの通学時、聴こえてくる学生たちの雑談に耳を傾けていると、何を話し合っているのかがわからないことがあります。駅から大学までわずか6,7分ですが、3,4人で話し合っているテーマは何か、判断できません。わかったことは、そうした会話では、何か特定のテーマについて話し合っているのではなく、個々の学生がそれぞれ自分の経験した出来事、テレビなどのことを話しているだけのことがあるようです。つまり、誰かが話したことについて、質問したり、同調したりということではなく、話が途切れたら、次々と自分の話題を提供していくわけです。これでは議論は深まらないなあと思ったことがあります。

余計なことは話さない

　また、伝えるときに、もう一つ大切なことがあります。それは「余計なことは話さない」ということです。ついつい知っているから、いろいろと話したくなるんです。しかし、相手の「フォルダ容量」がいっぱいであれば、いい話であっても受け止めてもらえません。つまり、ムダ打ちになるわけです。これはきわめてもったいない行為です。別の機会が必ずあります。そこで伝えればいいのです。小出しでよくないですか。

```
技25
```
「聴き手が知りたいこと≠話し手が伝えたいこと」を念頭におく

【演習24】（■ビジネスパーソン・■学生）
　ここでは、成果を示してもらいます。すなわち、実際に〈効果的な伝え方のコツ〉を用いた成果を、個別・具体的に書いてください。
　なお、記入欄が 20 回分用意されています。これは各項目について 5 回分として作成しました。5 回程度実践すると、定着するものと思います。なお、成否は問いません。

〈成果の記入〉

	利用したコツ	具体的な成果
①		
②		
③		
④		
⑤		
⑥		
⑦		
⑧		
⑨		
⑩		

	利用したコツ	具体的な成果
⑪		
⑫		
⑬		
⑭		
⑮		
⑯		
⑰		
⑱		
⑲		
⑳		

3 | 5W1H 活用力
―1度で完璧な情報を送る―

ゴール

漏れなく1度で伝えることができる

X 渋谷駅ヒカリエ前、19時集合、雨の場合は中で、遅れる人は私にLINEで　　VS　**Y** 渋谷に19時ね

5	4	3	2	1
Xに近い	どちらか というと Xに近い	どちらとも いえない	どちらか というと Yに近い	Yに近い

1度ですべてを伝えるためには

　「簡単なことでも、完璧を期すことは意外と難しい」ということを共有していただきたいと思います。お気づきかもしれませんが、「第1章4節 1度で完璧を目指すー想像力をはたらかせるー」でも、5W1Hの活用法について説明しました。繰り返しになりますが、1度で完璧な仕事ができるよう、5W1Hを定着させてください。

　新入社員であれば、比較的簡単な仕事として、自社の定型フォーマットの送付状を使って、お客様に商品見本を手配したり、電話応対、コピーなどがあると思います。

　さて、「これ、コピーしておいて……」と指示を受けたら、次の項目が瞬時に浮かびますか。

・部数
・ホチキスどめなどの要否
・納品時間
・納品場所

　これくらいのことは、最低限確認が必要ですね。つまり、コピーひとつとっても、これら4項目くらいのことを確認しないと、相手の期待に応えることができないのです。

　学生の待ち合わせって、大変ざっくりしています。「渋谷に7時」、あとはスマートフォンがありますから、確かにこれで十分なんです。私が学生時代、当時は営業の一部のビジネスパーソンがポケベルを持っているかどうかという時代でした。ですから、はぐれたらもう会えませんから、かなり細かく決めていました。

　渋谷駅、ハチ公前に19時、ただし雨のときは百貨店の入口の前に集合、万一遅れる場合には19時15分まで待つがそれ以降は直接お店に来ることなど、細かなことを決めていたと思います。振り返ると、「○○さんはいつも遅刻するから遅れた場合の対処」など、随分と想像力を鍛えるトレーニングになっていたのかもしれません。

　さて、こんな情報伝達のときの強い味方が5W1Hです。これさえあれば、大概のことに応えることができます。

　本書の読者の皆さんはすでに学生時代、スマートフォンを所有している方ばかりだと思います。そうであればなおさら、細かな条件・情報について、想像がつきにくいと思います。これは能力ではなく、時代背景が異なるわけですから、仕方のないことです。でも、仕事では1度で聴き取れなければ容赦なく、漏れが多いという指摘を受けてしまいます。

プロは1度で決める

　以前、左官職人のカベ塗りを見学させていただいたことがあります。プロは1度の動作で完璧な仕上げをしてしまうんです。これは左官職人さんだけでなく、大工、植木などの職人さんたちにも共通のことだと思います。プロは最後の微調整を1度で決めます。ビジネスパーソンもオフィスワークのプロです。チャンスは1度と思って、取り組まないといけません。

技26

伝えるとき、いつまでに、どこに……を口癖にする

【演習25】（■ビジネスパーソン・■学生）

　ここでも、前節同様、成果を示してもらいます。すなわち、実際に５Ｗ１Ｈを用いた成果を、個別・具体的に書いてください。

　なお、成否は問いません。

	具体的な成果
①	
②	
③	
④	
⑤	
⑥	
⑦	
⑧	
⑨	
⑩	

4 | ストレス耐性力
―いつもにこにこ朗らかにしていよう―

ゴール

不快感などを表情に出さない

不快感を示しても、誰も得などない

　露骨に嫌だということが顔に出る人がいます。もちろん少ないですが、これは非常に損です。

　授業でも、「課題を出します」というと、露骨に不快な表情を示す学生がいます。これは本当にこちらも辛いものがあります。集中して1人で取り組んでもらいたいなど、課題を出すには、理由があるわけで、単に評価のために出しているわけではありません。ムダなことなど一切していないわけです。しかし、そんな思いは伝わらず、不快感という空気が辛く襲いかかってきます。

　学生のうちであれば、個人だけの問題として収まりますが、社会人でもそうした振る舞いが見受けられます。これは早めに直すことをお勧めします。私は不快感を示す方に尋ねたいです。

・不快感なんて示して、誰が得するんですか、会社は儲かるんですか
・周りのメンバー、相手はどう思っていると考えていますか

　つまり、誰も得をすることはありませんし、自分の評価も下がるだけです。それでも表情に出てしまう。つまり、自己コントロール力の問題です。

　嫌なことだから反応し、それが表情に出てしまうわけです。自分が嫌だと思うことは、ほかの人たちだって少なからず嫌に決まっています。しかし、我慢しているんです。相手のことを思い、周囲に気を配り我慢しているわけです。

　あまりすぐに反応することなく、イラッとしたら好きな家族や恋人など、楽しいことを思い浮かべてはいかがでしょうか。

　私の対処法もご紹介しておきます。私は「『イラッとしない』ということを決めている」これだけです。私はそのほか、いくつかの My rule を決めています。

　あわせて、ご参考までにご紹介しておきます。

・絶対にイラッとしない
・手帳に書き込んだことは絶対にやり抜く、手帳に書いてないことはしない
・電車に乗るときは、何を考えるかを決めて乗る（前日の晩に決めています）
・いつも笑顔でにこにこしている

技27

他人の言動にすぐに反応しない

【演習26】（■ビジネスパーソン・■学生）

宣言してください。損ですから、不快感を表情に出さないと……。

〈イラッとしない宣言〉

私は、仕事上、不愉快、不快なことがあっても、表情に出したりはしません。

日　付：

サイン：

5 | スピード感
―ルールを決めよう―

ゴール

メールの返信は半日以内に

X とにかくいったん返信できる人　VS　**Y** メール返信が日をまたぐ人

```
  5              4              3              2              1
  ┼──────────────┼──────────────┼──────────────┼──────────────┼
Xに近い       どちらか       どちらとも       どちらか       Yに近い
              というと        いえない        というと
              Xに近い                         Yに近い
```

とにかくいったん返信する

　メールの返信にもルールがあると思います。「早いなあ」と思うと、その会社の方からの返信は大概早いです。もちろん、早ければいいというものではありませんが、用があるからメールをするわけです。そのメールの返信がないと、次の工程に進めず相手の仕事が滞るなんてこともあります。

　私は次の3つのルールで対応しています。

・チェックの回数と時間を決める
・読んだらその場で返信する
・とりあえず返信する

　学生からのメールにも、原則としてその日のうちに返信することにしています。じっくりと時間を割いてから返信したいけど、いまはほかの仕事があって中断したくないというときもあります。そのときでも、とりあえず返信します。読んだということと、別途、このことについて、詳しくお伝えするということを返信しています。これで相手には読んでくれたということと、後から追加のコメントがくるということがわかります。

しかし、そのメールを閉じてしまったら、もう最後、埋もれて返信を忘れてしまいます。完全な返球が無理にしても、暫定球を返球すればいいわけです。返球が遅くなるほど、精度の高い返球が求められてしまいます。そのためにも、いったんスピーディな返球をすることが大切になってきます。

┌─ 技28 ─┐
│ 忙しくても、いったん途中経過や受信報告だけは返信する

【演習】

　あれこれとやらされて、疲れていませんか。ここもお休みとします。しっかりとリフレッシュしてください。

第5章　まとめ

　伝え方のコツと伝える方法への配慮などを学びました。相手が知りたいことと自分が伝えたいこととは、必ずしも一致しません。新入社員のうちは、特に伝えることで精いっぱいになってしまうと思います。でも、そのエネルギーの一部を、相手（聴き手）の配慮に投じてください。

　また、5W1Hは、漏れなく伝えるための重要な武器です。何か発信するときには、必ず5W1Hを思い浮かべながら取り組んでください。

　そして、ストレス耐性も重要でしたね。ポイントは人の行動にすぐに反応しないことです。表情に出して、得することなんてありません。早めの改善をお願いいたします。

 チェックリスト

※）①内容を理解した、②実践した、③技が定着した、④習慣化できた

	チェック	ゴール	技
5-1	①☐ ②☐ ③☐ ④☐	口頭、メール、電話、書面等、場面に応じた使い分けができる	相手基準で最適な方法を選択する
5-2	①☐ ②☐ ③☐ ④☐	結論から簡潔に伝えることができる	「聴き手が知りたいこと≠話し手が伝えたいこと」を念頭におく
5-3	①☐ ②☐ ③☐ ④☐	漏れなく1度で伝えることができる	伝えるとき、いつまでに、どこに……を口癖にする
5-4	①☐ ②☐ ③☐ ④☐	不快感などを表情に出さない	他人の言動にすぐに反応しない
5-5	①☐ ②☐ ③☐ ④☐	メールの返信は半日以内に	忙しくても、いったん途中経過や受信報告だけは返信する

第6章

....

成果をあげるための思考のコツ
（＝自立的思考力）

1 問題発見・解決力
―見える化できているか―

ゴール

与えられている問題・課題を整理し、具体的な解決策を提示することができる

Ⓧ 社会情勢の変化、観察による気づきを反映できる人　VS　Ⓨ 単純な対策しか打てない人

5	4	3	2	1
Xに近い	どちらかというとXに近い	どちらともいえない	どちらかというとYに近い	Yに近い

　まず、次の問題にチャレンジしてください。

〈ケース〉

　東京近郊の住宅地にあるフレンチレストランでの話である。新宿駅まで私鉄で40分程度、いわゆるベットタウンである。ここに店を構えて30年。開店当時は予約のとれない店として繁盛していた。その当時は、土日は若いサラリーマン夫婦、30代前半のファミリー、平日でもおしゃれな若いカップルで賑わっていた。1人当たりの客単価は、平均7,000円程度とちょっと高めだが、40席ある座席はいつも満席状態であった。

　しかし、この2、3年、客足は急に途絶え、売上も繁盛していたときのおよそ7割減と、深刻な状況が続いている。

　この店のオーナーシェフは、食材もホンモノにこだわり、野菜は有機野菜、魚介類は複数の漁師と契約し、その日にとれたものを空輸してもらっている。もちろん、お肉もある牧場と契約している。シェフは高校卒業と同時に、フランスに行き、そこで20年間の修行を積み、前菜からデザートまで妥協なしで頑張ってきた。

〈設問〉

　このお店の売上低迷の原因として想定されることをすべてあげなさい（箇条書きとすること）。

表による整理と見える化

　ここで皆さんに授けたい武器は、「表による整理と見える化」です。

　読者の皆さんは、きっとキーワードにアンダーラインを引いたりされたことと思います。もうワンステップ上をいこうというものです。下記の表をご覧いただくと、大変整理されていて、わかりやすいと思います。

チームでの問題・課題共有のためにも簡潔であることが重要

　問題・課題の発見、改善、打ち手の検討など、職場でも頻繁にあることだと思います。このようなときに大切なことは、チームでの問題・課題の共有です。つまり、自分だけわかっていても仕方ありません。メンバーとわかりやすく共有し、いっしょに改善策等を検討していくことです。そのためにも、できるだけ簡潔に見せることです。**文章や言葉の羅列では考える気も起きませんし、考えてくれても、同じ状況を共有できていないことがあります。**しかし、この表のように簡潔に規定されていれば、同じ状況を思い描くことができると思います。

　働くとき、大切なことは、ほかのチームメンバーとも情報等を共有しやすくすることです。そのほうがメンバーの協力も得やすくなります。そして、もちろん自分自身の頭の中も整理されます。

〈想定される売上低迷の原因〉

着眼すべきキーワード	売上低迷の原因
東京近郊のベットタウン	・駅前に台頭するファミリーレストランチェーン ・人口減少（都心回帰の傾向）
30年経過	・当時の常連客の高齢化による好み・嗜好の変化 ・退職等による所得の低下
平均客単価 7,000円	・景気低迷 ・低価格がトレンド

私は会議の議事録作成や、何かを検討するとき、いつも、その内容を表にするため、横軸、縦軸を何にしようかと考えています。軸が基準、つまりもっとも大切なところですから、それを押さえていればぶれることもありませんし、軸が決まれば打ち合わせも同じ土俵で話し合いができますから、非常にスムースです。

　打ち合わせなどのとき、ぜひ、縦軸・横軸をそれぞれ決めて、整理してみてください。非常にクリアーになります。議事録も整理されていて非常に読みやすいものに仕上がります。一方、軸が決まらないということは、まだみんなのベクトルが合ってなくて、ばらばらであることを意味します。これでは再度、集まったほうがいいということになります。

　何か整理するとき、まずは手書きで始めてみてください。手書きのいいところは、自分が書いた文字を目で見て追っていくので、記憶にも残りやすいということです。また、ホワイトボードなどで整理している場合は、それをスマートフォン等で撮影しておくと、後で確認もしやすいと思います。

技29

表による整理を行い、見える化する

【演習27】（■ビジネスパーソン・□学生）

担当業務のなかから、ひとつを取りあげ、その業務の問題点を抽出してみましょう。そのとき、問題点をただ列挙するのではなく、何らかの区分をしてください。時系列、お客様別など、分けて、問題点を箇条書きにしてみましょう。

項目	記載内容
取りあげた業務	
問題点を抽出する区分	①
	②
	③
問題点（箇条書き）	①
	②
	③

※問題点を抽出する区分が４つ以上になる場合には、適宜余白等を活用し、書き出してください。

では、これをもとに、147ページのような表を次のページに作成してみましょう。

2 | why を大切にする
―「なぜ○○ですか」にすべて答える―

> **ゴール**
>
> **自分の行動、意思決定を具体的に説明できる**

❌ 自分の行動を因果をもって
説明できる人 　　VS　　 ⭕ 感覚的、もしくは何かの引用などでしか
説明できない人

5	4	3	2	1
Xに近い	どちらか というと Xに近い	どちらとも いえない	どちらか というと Yに近い	Yに近い

因果をもって説明する

　就活相談に訪れる学生に、「なぜ事務職を希望しているんですか」と尋ねると、ほぼ同じ解答が帰ってきます。「営業はノルマがあって厳しそうだから……」

　これでは、「なぜ営業職か」ということに答えていることにはなりません。

　こうした why にてきぱきと答えられる人には、次のような特長があります。

> ・短い言葉で簡潔に説明できる
> ・意思決定が迅速である
> ・モノゴトをよく考えている
> ・情報をもとに自分の言葉で答えることができる

さて、突然ですが、次の質問にすぐに答えられますか。演習ではありませんが、考えてみてください。

質問	解答
なぜいまの会社に勤務しているのですか	
なぜいまの業界を選んだのですか	
なぜいまの家に住んでいるのですか	
なぜその趣味（もしくはスポーツ）が好きなのですか	

　大切なことは因果をもって説明できるかということです。成り行きであればそれでも結構です。たとえば、なぜいまの家に住んでいるのか。親元から通勤し出費をセーブし、結婚資金を蓄えたいからなど、何でも構いません。ただ、「なんとなく……」とかは避けてください。

　これは生命保険会社にチャレンジしたある学生の就職活動の際のエントリーシートのなかの志望理由です。

　両親は10年間、同じ生命保険に加入しております。しかし、担当者は複数回にわたって変更され、1回も家庭に訪問されたこともなく、たまに電話があるかと思えば、新商品の紹介のみです。母親は担当者に電話口で、「万が一のことがあったら、いったい誰に頼めばよいのですか」と訴えておりま

した。私はお客様にこのような理不尽な思いはさせたくありません。「強固
な財務健全性に基づく安心感」と「フェイストゥフェイスで培ってきたお客
様との信頼関係」を持っている御社でお客様に余計なご心配をかけずに保険
を提案したいです。私はどのような仕事に関わってもお客様のために、「○
○（※○○は社名）」という看板を背負い、高い誇りを持って働きたいです。

　「私はお客様にこのような理不尽な思いはさせたくありません」ここに、
この学生の強い志望理由の一端が表れていると思います。生命保険という
大切な金融商品であるからこそ、お客様に理不尽な思いをさせることなく、
安心して契約していただきたい、だから生命保険会社に入社したいわけで
す。営業職として勤務し、高い誇りを持って働きたいという強い意志が伝
わってくると思います。そして、この学生は現在も営業職として頑張って
います。

技30

常に why からスタートする

【演習28】（■ビジネスパーソン・■学生）

　「なぜなぜ分析」を覚えましょう。文字どおり、与えられた問題に対し、「なぜ」を繰り返し、本質をあぶりだしていこうとするときの手法です。具体的には、「なぜ」に答え、その解答に対して、さらになぜをつけてオウム返しの要領で繰り返していきます。これを3回程度繰り返すことができれば、問題の核心をついていると思います。

質問①：なぜ学校では宿題が出るの？
解答①：実際に学んだことが定着しているかを確認するからだよ
質問②：なぜ定着してないといけないの？
解答②：使える知識になっていないと将来仕事等で活用できないからだよ
質問③：なぜ将来仕事で使わなければいけないの？
解答③：仕事は多くの基礎的な知識に基づいて行うからだよ

　こうしていくと、「宿題は将来仕事において求められる基礎的な知識の活用のために役立っている」なんて結論が導き出せるわけです。
　これを参考にして、考えてみましょう。

・なぜ社会人になっても勉強しなければならないのか

質問①：なぜ社会人になっても勉強しなければならないのか？
解答①：
質問②：
解答②：
質問③：
解答③：

・なぜ働かなければならないのか

質問①：なぜ働かなければならないのか？
解答①：
質問②：
解答②：
質問③：
解答③：

3 判断基準保有力
—どんなことにも決めるための判断基準をもつ—

Ⓧ ランチは？　忙しいから近いところ、今日の夕食と被らないものなど、考えられる人　VS　Ⓨ なんでもいいよ

5	4	3	2	1
Xに近い	どちらかというとXに近い	どちらともいえない	どちらかというとYに近い	Yに近い

判断基準とは自分が大切にしていること

　さて、ランチ選択の際の判断基準をお持ちですか。昼くらい自由に食べさせてくれよと悲鳴が聴こえてきそうですが、お付き合いください。お願いしたいことは、「判断基準をもつトレーニング」をしてほしいということです。

　たとえば、職場でのランチ、同僚と外に出て、成り行きやその日の気分で決めるということもあるでしょうが、自分で決めるとしたら、どのような判断基準がありますか。

> ・今晩の夕食と被らない
> ・昨日のランチと被らない
> ・午後の仕事内容
> ・提供までのスピード
> ・予算
> ・カロリーバランス

　今皆さんが頭のなかであがった基準が普段、意識して決めている要素です。しかし、あがらない判断基準は、その基準に関しては思考がはたらい

ていないということになります。そうすると、機会損失になることがあると思います。たとえば、カロリーバランスという判断基準を持っていないと、肥満や成人病にもなりかねません。

　メンバーを叱るときも、私は判断基準をもち、それを年度当初に宣言していました。失敗もミスも叱ったりはしません。私が叱る基準は、次の2つでした。

・ウソをつくこと
・ズルをすること

　職場でのウソはミスなどを隠すときだと思います。しかし、それは結果的に、お客様への対処を遅らせ2次クレームを生じかねません。だからだめなのです。そして、ズルをすれば自分はラクができるかもしれませんが、誰かに負担がかかります。予め年度当初に決めた業務分掌、役割分担の公平性に影響するからです。

　判断基準とは、自分が大切にしていることで、自分の生きざまでもあります。したがって、自分の判断基準を書き出し、足りないところを補い、さらに、判断基準の精度を高めていけば、自己成長にもつながります。また、判断基準をもっていれば、スピーディに何でも決めることができます。

　また、管理職になったときも、明確に「自分」を示すことができます。どういうことを大切にしているのか、どんなときに叱られるのかなど、わかっていれば、メンバーは安心できます。みんな大切にしていることはそれぞれ異なります。それをオープンにしていけば、周囲の人も付き合いやすくなります。また、人には必ず偏りがあります。それに気づくためにも、判断基準を書き出して見える化することです。自分も気づいていなかなったことに気づけると思います。

技31

「判断基準を探す➡決める」を習慣づける

【演習29】（■ビジネスパーソン・□学生）

残業する際の判断基準をもっていますか。

残業すると決める際の判断基準

4 立場を変えて考える
―立場を変えると、異なるものが見えてくる―

相手の立場・背景を想像し、仮説を立てることができる

Ⓧ 相手の立場を察し話し合いに臨める人　VS　Ⓨ 自分の主張を通すことが正義だと思っている人

5	4	3	2	1
Xに近い	どちらかというとXに近い	どちらともいえない	どちらかというとYに近い	Yに近い

相手がどのような基準で判断しているかを考えることが思考のトレーニングになる

　立場が変わると、判断、意思決定も異なることがあります。それは各自が保有している情報量、内容等が異なり、さらに立場を踏まえた意思決定をしなければならないからです。また、皆自分がかわいいですから、自分の保身もあって、意思決定が異なることもあるわけです。

　私は管理職になったとき、メンバー時代から行っていてよかったことを、まずご紹介したいと思います。私はメンバー時代から、トラブル解決、部門の年度方針など、上司が発表する前に、「自分だったら、こんな判断、方針を打ち出す」ということを、常にシミュレーションしていました。このおかげで、管理職になったときも、大きなストレスもなく、スムースでした。自分のシミュレーション結果と上司の判断が一致することのほうが多かったですが、異なる場合もありました。そのときには、上司は何を重視してこうした判断を下したのかということを考えるようにしていました。

人の考えほど、異なるものはありません。相手にはそのように判断した理由と基準が存在するはずです。それを考えることが大切であり、思考のトレーニングに大いに役立ったのです。そうすると、その人が何を大切にしているのか、もしくは大切にしていないのかもわかってしまいます。お客様最優先が本当に徹底しているのか、実は自分を大切にしているだけなのかなどもわかってしまいます。こうした経験から、ウソは必ずばれる。必ずツジツマがあわなくなるということも学びました。その場はしのげても、中長期では信頼を失うと感じました。

　相手がそう考えるには、情報のほか、判断基準が伴うわけです。その基準がみんな違うから、異なる決定が下るわけです。事業方針、上司の意思決定、こうしたものには、会社の経営状況、業界・競合のトレンドなどのほか、判断に至る基準やその人の社会観、ビジネス観が表れます。そうしたものを想像し、その決定までのプロセスをたどってみると、その人の生きざまがわかることがあります。

立場を変えて考えることは難しい

　学生には授業のなかで次のような質問をすることがあります。

　「動物園」の意味を説明してください。

　解答としては、「さまざまな動物を飼育して、鑑賞できる場所」なんて解答が出てきます。そのとおりですが、立場が変わると、次のような定義も成立します。

> 　捕えてきた動物を、人工的環境と規則的な給餌とにより野生から遊離し、動く標本として都人士に見せる、啓蒙を兼ねた娯楽施設。（『新明解国語辞典・第４版』三省堂）

　動物から見れば、まさにそのとおりだと思いませんか。私たちは、いつも自分から見ているのです。立場を変えることがいかに難しいかということです。意識して、上司、お客様の事情・都合など考えていかないと、相手の気持ちを理解することなどできません。

技32

相手の立場・背景を理解し察する

さて、推察してほしいのです。あなたが日頃お世話になっている上司、先輩が仕事で大切にしている考え方、仕事観などを書き出してみましょう。なお、ここでも、文章ではなく、箇条書きで簡潔に列挙してください。上司・先輩たちの考え方、仕事観がわかってくると、コミュニケーションのとり方も変わってくると思います。

上司が大切にしていること	
先輩が大切にしていること	

5 ざっくり感を取り除こう
―big word、magic wordを使わない―

ゴール

具体的で、曖昧な表現もなく、聴き手が話し手と
同じ理解を得られる

big word、magic word が多い人は仕事とも距離をおいている人が多い

　いつまでに、誰が、何を、どこまで行うのか。これらがなかなか決まらないミーティングがあります。これには、お互いにこうしたことを決めたくないという事情がはたらいているように思います。つまり、やりたくない、自分の仕事を増やしたくないからです。そういう組織では、他部門、他社など、他人への批判、愚痴が多いような気がします。

　一方、よいミーティングは、短時間でサクサクと上記のことが決められていきます。こうしたミーティングでは、言葉の精度も高く、「かなり」「けっこう」「たぶん」などの曖昧な言葉を使っていません。「今日のお客様、けっこういいです」何が、どの程度いいのか、この報告を受けても上司は何も判断できません。つまり、何の役にも立たないのです。これでは雑談と同じです。文章力の授業では、こうした曖昧な言葉を使わないで、文章を作成するトレーニングも行っています。

　また、何も決まらないミーティングで頻度の高い言葉は、「イノベーション」、「ターゲティング」「顧客起点」「事業再編」「〜の構築」「仕組み化」

などです。イノベーションを起こすのは、いいに決まっています。だから誰も反対しないのです。しかし、そのイノベーションを、いったいいつまでに、誰が、どのような方法で、いくらの予算を投じて、行うのかがまるで決められていないのです。顧客起点、これも当たり前のことで、誰も反対意見など唱えたりしません。しかし、いくらこれだけを唱えていても、具体的な行動方針が示されない限り、単なる机上の空論でしかありません。仕事ですから、前に進めないと意味がないわけです。私は、こうした言葉を big word、magic word と呼び、文章力に関する授業では、使うことは妨げないが、自分はいったい何をするのか、どのように受け止めているのか、つまり「自分事」としての記述を必ず盛り込むよう指導しています。

仕事・課題と向き合っているからこそ、具体性のあるワードが出てくる

　こうした big word、magic word が多い人と話していると、共通項があります。それは、仕事と距離をおいているのです。自分が当事者にはならないという、望ましくない意味においてです。これでは、メンバーはついてこないでしょうし、真似してしまえば、また同じような「他人事社員」を創生するだけだと思います。

　誰だって、平和的に解決したい、お互いに win-win でいきたいと思っているはずです。しかし、そうはいかないお互いの利害、しがらみ、自社の経営状況などもあり、お互いに歩み寄ったり、調整しあったりということも必要になってきます。「きれい事」ではいったん事は収まっても、あくまで対処療法に過ぎず、仕事や課題に進展はありません。こぎれいな言葉の羅列は、皆一時的にはハッピーかもしれませんが、実は何も変わっていないのです。

　自分がその仕事、課題とどう向き合い、解決しようとしているか、そんなことを考えている人の言葉は、たとえ拙くても、仕事が前に進みます。きれいなパワーポイントの資料、流暢なプレゼンに騙されないようにしてください。

　皆さんが、自分事、自部門事、自社事として捉えるという基準さえ持っていれば、見抜けるはずです。

> **技33**
>
> その説明で具体的な行動を起こせるかを考える

【演習31】（■ビジネスパーソン・■学生）

　「すごい」「かなり」「結構」「たぶん」「～みたいな」「いろいろな」といった言葉を使わず、会話をしてみましょう。「結構」使っていると思いますよ（笑）。すでに、私も使っていますね。なお、「いろいろ」は、わるいわけではないのですが、「いろいろ」あるなら、使った後は、必ず例を示してほしいところです。

　ここでは、使ったら、それを、手帳などに控えておいてください。そして、1週間でどの程度使ったかを確認してみましょう。

〈利用頻度〉

	日	月	火	水	木	金	土	計
約1週間の利用頻度（回数）								

第6章　まとめ

　ここでは、皆さんに思考の武器を授けました。表作成による見える化、why 思考、判断基準を持つなどです。表層だけを追っていても真の課題は見えてきません。20 代のうちに各種の思考法を身につけ、実務においても定着させ、活用の習慣化をはかってください。

　私は、考えるということを下記のように定義しています。これはぜひ、覚えておいてください。

「考える」とは	知識や情報を武器として、テーマや現状、問題・課題等を、整理・分解し、改善、工夫、問題解決、新たな価値の発見・創造などを行うこと
ビジネスにおける思考の特徴	思考は実践を伴ない、思考と実践を往復する
コツ	①思考規模を決める ②事実を正確かつ丁寧に把握し、問題・課題を整理する ③ゴール（あるべき状態、着地のイメージ）を描く

　また、本章のサブタイトルとして、「自立的思考力」と表現しました。職場・仕事での思考は問題・課題認識がないところには、はたらきません。つまり、自ら問題・課題に気づくことがスタートです。その意味で「自立的思考力」といたしました。視点をもって観察し、気づきの感度を高めてください。

 **チェックリスト**

※）①内容を理解した、②実践した、③技が定着した、④習慣化できた

	チェック	ゴール	技
6-1	①☐ ②☐ ③☐ ④☐	与えられている問題・課題を整理し、具体的な解決策を提示することができる	表による整理を行い、見える化する
6-2	①☐ ②☐ ③☐ ④☐	自分の行動、意思決定を具体的に説明できる	常にwhyからスタートする
6-3	①☐ ②☐ ③☐ ④☐	小さなことにも判断基準をもって、決めることができる	「判断基準を探す➡決める」を習慣づける
6-4	①☐ ②☐ ③☐ ④☐	相手の立場・背景を想像し、仮説を立てることができる	相手の立場・背景を理解し察する
6-5	①☐ ②☐ ③☐ ④☐	具体的で、曖昧な表現もなく、聴き手が話し手と同じ理解を得られる	その説明で具体的な行動を起こせるかを考える

第7章

....

最後までやり抜こう（＝耐力）

1 目標設定力
―小さな目標に分割する―

Ⓧ 目標を設定し進める人　VS　Ⓨ 場当たり的に走る人

5	4	3	2	1
Xに近い	どちらか というと Xに近い	どちらとも いえない	どちらか というと Yに近い	Yに近い

自分が取り組みやすいサイズにまで分割する

　デカルトは、『方法序説』のなかで真理を導く方法として4つの規則を
提唱しました。そのなかのひとつに、「分割」という方法があります。難問・
複雑な問題であっても、小さく分割・分類すれば取り組みやすくなるとい
うものです。

　学生が「公務員試験の勉強法を教えてほしい」と、相談に訪れることが
しばしばあります。毎回、同じことを伝えているのですが、大切なことは
分割です。そして、いきなり頂上を目指さないということです。

　学生と公務員試験等の学習計画を立てるときには、次の要素をホワイト
ボードに書き出してもらいます。

- ・科目数
- ・必要な時間数
- ・期限

　この3つが出せないと、計画が立てられません。受験科目数がわかり、
それぞれの科目の得意・不得意、出題頻度等に応じて、どの程度の時間を

割く必要があるかを調べ、期限までの日数を調べます。そうすれば、「必要総時間÷本日から期限までの日数」で、1日あたりのおよその学習時間を算出することができます。

　これらを科目ごとに表にしていけばいいわけです。そして、あとはPDCAサイクルに則り、手帳に書き込んだことをできたかどうか、確認すればいいだけのことです。大切なことは立てた計画が適切なのかどうかが確認できることです。時間の見積もりが甘ければ想定した時間をオーバーします。そうしたら計画を軌道修正すればいいのです。そのためにも、計画が表や手帳などで「見える化」されていることが重要です。こうして軌道修正しながら、自分の実力に応じた適切な時間を導いていけばいいのです。

　大きな課題が課されても、プレッシャーに感じる必要はありません。自分が取り組みやすいサイズにまで分割すればいいのです。そうすると、プレッシャーからも解放され、気持ちも安定していきます。どうか、大きな課題が与えられても、最初から「無理そう」と諦めたり、プレッシャーに感じたりすることなく、まず自分が取り組みやすいサイズにまで、分割するというノウハウを修得してください。これはきわめて重要であり、トレーニングを重ね、早く使えるようになっておいてほしいノウハウです。

いきなり頂上を目指さない

　難しい課題や一定の時間を要する大きなことにチャレンジしようとする学生には、ホワイトボードに富士山の絵を描きます。そして、いきなり頂上を目指さないという考え方を示します。7合目の着地、そして一定の年齢に達したとき、残りの3合分に挑めばいい。大切なことは、中長期のビジョンや夢に対して、その方向を向いた努力をしているということ、目標を忘れないということです。

　「分けると、分かってくる」ことがあります。「就職活動に取り組んでください」これでは、タスクがあまりにも大きすぎて取り組めません。しかし、次のように分解すると、実施すべきことが具体的に見えてきます。こ

こで大切なことは、行動レベルで実行に移せるレベルにまで分解すること
です。そのためには、ロジックツリーなどが便利です。

　就職活動も、まずは次のように分解できます。これら4つをさらに細か
く分解していくわけです。

　　・自分の強み・弱みを発見し（➡自己分析）
　　・自分に向いている仕事を見つけ（➡業界・職種研究）
　　・その会社にエントリーシートを提出し（➡エントリーシート対策）
　　・面接を受ける（➡面接対策）

ロジックツリーについて、説明しておきます。たとえば、メガネ販売の
マニュアルを作成するとします。

　メガネを販売する場合、まず、①接客マナー、②フレーム知識、③レン
ズ知識、④検眼知識が求められます。以下は、このうち①接客マナーの部
分についてのロジックツリーです。

　こうして、細かく分解・整理していけば計画的に取り組めますし、メン
バー同士で分担するにも容易です。また、項目の漏れやダブリも防ぐこと
ができます。

〈メガネ販売マニュアル作成にあたってのロジックツリー〉（接客マナー部分）

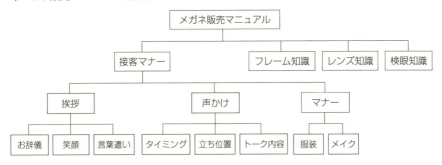

技34
monthly（月次）、weekly（週次）などで取り組める水準まで、
落とし込んで、手帳に書き込み、PDCA を回す

【演習32】（■ビジネスパーソン・■学生）

　それでは、あなたの担当業務のなかから１つ、マニュアル作成を想定し、ロジック
ツリーを作成してみましょう。学生の方は、アルバイトなどで作成してみてください。

担当業務のロジックツリー

2 モチベーション管理力
―楽しみは自分でつくる―

Ⓧ 楽しみを作ってメリハリのある人　VS　Ⓨ 楽しめない人

つまらない仕事にも自分で楽しみをつくる

　義務感だけで働いていると不幸だと思います。もちろん、つまらない仕事、いわゆる、やらされ仕事などもあると思います。しかし、面白い仕事をやりがいを持ってできるのは、当たり前です。そういった仕事は誰にとっても魅力的なことが多く、モチベーション管理など、まったく必要ありません。問題は面白くない仕事をしなければならないときです。このときこそ、差がつくわけです。私は、面白くない仕事はできるだけ朝一番で行うようにしていました。そして、やりたい仕事に時間が割けるよう、やりたくない仕事は効率性を追求していくわけです。

　コピーとり、電話応対、交通費の精算など、いわゆるルーティン業務……。私はゲーム性と速さを意識して行っていました。コピー、これはいかに早くとるか。当時はソートなどの機能がありませんでしたから、1枚ずつ原稿をセットし、終わったら素早く上の蓋をあげ、次の原稿をセットするわけですが、このスピードには自信があります。「もう終わったの?」といわれるくらい、早いです。手と耳と目を使い、いかに早く仕上げるか

ということを楽しみました。

　誰も自分のモチベーションをあげることになど、関心をもってくれません。まあ上司くらいでしょう。しかし、楽しまないと損です。やらされ感で働いていても、改善も進歩もありません。本気で取り組まないと、面白さは発見できないのです。

　あるいは、成功したら何か食べにいくという単純なものでもいいと思います。**大切なことは、嫌いな仕事、つまらない仕事でも、「自分で楽しみを作る」ということです。**

単純作業実施のポイント

　かつて私が勤務していて株式会社インテリジェンス（現・パーソルキャリア株式会社）のスローガンは、「はたらくを楽しもう」というものでした。1日24時間のうち、昼食1時間と前後30分の時間を含めれば、10時間程度はオフィスにいるわけです。すべてを楽しむことは難しいですが、どこかに楽しみを見つけてください。

　そして、単純作業系のことを頼まれたとき考えてほしいポイントをお伝えしておきます。ポイントは以下の3つです。

①付加価値	せっかくなら、ただコピーをとるだけではなく、＋αの付加価値をつけて仕上げましょう。コピーなら、配付まで行う、配送までの手続きを行うなど、依頼を受けた部分の次の工程まで引き受けられないかどうかを考える。
②スピード	単純作業系なら、ミスがないことやスピードが重要です。できるだけスピーディに完遂してください。
③ノウハウ獲得	①②を意識すると、早く行うための工夫、ミスを起こさない仕組みなどを、必然的に考えます。それがノウハウとして積み重なっていきます。

技35

頑張った自分にインセンティブを与える

【演習】

　仕事を楽しんでください。楽しみながら働いてください。それだけです。明日から楽しみを探してください。楽しくないと長続きしません。

3 瞬発力を発揮しよう
―そのことだけに集中する―

ゴール

追い込まれたとき、遅れを取り戻すときなどは、エネルギッシュにパワーを発揮することができる

Ⓧ 間に合う人　VS　Ⓨ 間に合わない人

5	4	3	2	1
Xに近い	どちらかというとXに近い	どちらともいえない	どちらかというとYに近い	Yに近い

仕事におまけや例外はない

　9時出社の場合、8時59分59秒はOKです。しかし、9時00分01秒はアウトです。どちらもビジネスパーソンとしては失格ですが、そのわずかな差はきわめて大きいと思います。この差を大した差ではないと思う方は反省してほしいです。

　8時59分59秒の出社はビジネスパーソンとしての姿勢が問われるわけです。もう少し早めに出社して、9時から仕事ができるようにすることといういわば姿勢を問題視されるわけです。しかし、9時00分01秒の出社はそもそも契約違反です。9時から出社するという契約ですから、すでにこの時点で違反なわけです。

　この話をすると、学生は大した差はないと言います。しかし、私はこうしたことに敏感になってほしいわけです。こんなたとえ話をすることがあります。

　それでは、「コンビニに行き、お菓子とお茶を買い、おつりをもらったとき、1円足りなかった。そのとき、皆は店員さんに足りないと催促しな

いのですか」と尋ねます。そして、さらに「『店員さんが、別に1円くらいいいじゃないですか、細かいですね』と言ったらなんと思いますか」

こういうと全員納得してくれます。1円でも、1秒でも違ってはいけないことがあります。だから、ギリギリでも間に合わせるため、瞬発力を発揮しなければならないときがあります。

時間内に間に合えばいいのです。しかし、1秒でも遅れたらアウト。これが社会のルールです。おまけはないのです。

われわれは、ルールのなかで生活しています。電車でも130円の初乗り料金であれば、129円では乗せてもらえません。これもルールです。おまけって本来ないんです。

仕事は通常複数の案件を1人で運用していることが多いと思います。しかし、瞬発力を発揮しなければならないシーンでは、本気で頑張るしかありません。そこに例外もおまけもありません。

この厳しさを当たり前として仕事と向き合ってほしいと思います。

技36

そのことだけに集中する

【演習】
　今回はお休みです。リフレッシュに充ててください。

4 | 価値を創出しよう
―価値は自分でつくるもの―

単純作業でも、意味のない仕事などないということを理解できる

X コピーを、配付する人への重要な情報共有を担っていると考えられる人　VS　Y コピーを雑用と思う人

```
 5            4            3            2            1
 ├────────────┼────────────┼────────────┼────────────┤
Xに近い    どちらか    どちらとも    どちらか    Yに近い
           というと    いえない     というと
           Xに近い                 Yに近い
```

仕事にやりがいの有無は関係ない

　価値のない仕事などないと思います。価値がない仕事があるとすれば、それはむしろしてはいけない仕事なんだと思います。そして、いま価値のない、もしくは価値の低い仕事をしていると思っている方がいらっしゃったら、それは誰にとって価値がないのか、もしくは低いのかを考えてください。

　すべては、顧客起点で考えるべきです。ですから、お客様にとって、価値が低いのであれば、止めることも検討すべきです。しかし、われわれがよく誤りがちなのは、自分にとって価値がないという判断をしがちだということです。それはもっといえば、自分の成長にとってということですね。

　しかし、お客様からお金をいただきながら、自分にとって価値がないなどと判断してよいものなのでしょうか。まさにまだ主語がⅠの域を出ていません。もう一言だけ言わせてもらえば、やりがいがあろうがなかろうが、仕事だということです。お客様にとって、皆さんのやりがいの有無などは関係のないことです。

　価値が低いと思う仕事があったら、まず考えてほしいことは誰にとって
価値が低いのかということです。お客様にとって価値が低いのであれば、
改善、見直しに取り組むべきです。しかし、自分にとって価値が低いとい
うものであれば、その仕事の役割・意味を再考し、そのなかからやりがい
を発見してほしいと思います。

技37

意味を考え、やりがいを見つける

【演習33】（■ビジネスパーソン・□学生）

　価値が低いと思う仕事がありますか。あれば次のとおり、整理してみてください。

〈価値の低い仕事〉

価値の低い仕事	主語 （誰にとって）	理由

5 失敗力を鍛えよう
―失敗するから教訓が抽出できる―

> **ゴール**
>
> ## 失敗しても淡々と別の方法を試行できる

Ⓧ 本気で頑張り失敗する人　VS　Ⓨ 中途半端な失敗をする人

5	4	3	2	1
Xに近い	どちらか というと Xに近い	どちらとも いえない	どちらか というと Yに近い	Yに近い

チャレンジなくして失敗なし

　同じ失敗をするなら、本気で頑張り失敗してほしいものです。やってほしくないのは、中途半端な失敗です。職場でいう失敗とは、回収不能、予算のムダ遣いに直結します。しかし、本気で取り組んでいれば、自分の限界を知り、ノウハウが残ります。そして、それが組織でも共有され、その費用も中長期で見れば決してムダにはなりません。ただ、中途半端に頑張って「やっぱりだめだったね」というのは最悪です。何を残せるんですか。知恵も教訓もアイデアも、何も残りません。こんな失敗は最悪です。本気で頑張り、共有できる失敗をたくさんしてほしいものです。チャレンジなくして失敗なしです。

　入社1年目の方には特にお願いしたいです。失敗してください。失敗していいんです。失敗するといいことがあります。

・失敗を評価してくれる先輩が見つかる
・チャレンジ精神旺盛な仲間が集まってくる
・自分の強み・弱みが見える化される
・ノウハウが見つかる

　しかし、繰り返しになりますが、中途半端な失敗はNGです。本気度100％で向かってください。また、皆さんが先輩となり、部門を任させたときにも、後輩たちのチャレンジする勇気、失敗力を育ててあげてください。

技38

失敗は新人の特権と割り切る

【演習】

　失敗する勇気をもってください。それだけです。

第7章　まとめ

　ここでの学びのうち、最重要の武器は、分割・分類です。大きな課題を分割する、複雑なことを分類してみる、そんなところからスタートです。

　「千里の道も一歩から」です。大きなカベにぶつかったとき、分割・分解を思い出してください。そして、楽しみを作ることです。誰も楽しみまでは作ってくれません。自分で楽しみを作ったり、価値を生み出したりしてください。これが大人の働き方だと思います。

　また、最後までやり遂げるためには、上手なモチベーション管理法が求められます。要所で楽しみを作り、自分で仕事を面白くしていってください。

 **チェックリスト**

※）①内容を理解した、②実践した、③技が定着した、④習慣化できた

	チェック	ゴール	技
7-1	①□ ②□ ③□ ④□	大きなタスク、難易度の高い資格取得等、大きなことに取り組むときは、内容を分割・分解することができる	monthly（月次）、weekly（週次）などで取り組める水準まで、落とし込んで、手帳に書き込み、PDCAを回す
7-2	①□ ②□ ③□ ④□	自分で楽しみを見つけたり、作ったりすることができる	頑張った自分にインセンティブを与える
7-3	①□ ②□ ③□ ④□	追い込まれたとき、遅れを取り戻すときなどは、エネルギッシュにパワーを発揮することができる	そのことだけに集中する
7-4	①□ ②□ ③□ ④□	単純作業でも、意味のない仕事などないということを理解できる	意味を考え、やりがいを見つける
7-5	①□ ②□ ③□ ④□	失敗しても淡々と別の方法を試行できる	失敗は新人の特権と割り切る

第8章

10年間をデザインしよう
（＝キャリアデザイン力）

1 自分の SWOT 分析をする
―自分の見える化―

Ⓧ 自分の強み・弱みをわかっている人　VS　Ⓨ 自分のことがわかっていない人

5	4	3	2	1
Xに近い	どちらか というと Xに近い	どちらとも いえない	どちらか というと Yに近い	Yに近い

自分を見える化する

　事業についての SWOT 分析をするように、自分の SWOT 分析をして、自分の強み・弱みなどを客観視することは、これからおよそ 40 年間、ビジネスパーソンとして働くうえで大変重要だと思います。そのときに大切なことは、やはり見える化です。実際にフォーマットに書き出し、自分で見ることです。頭のなかで整理できていたとしても、それをきちんと言葉として表出させると、新たな発見もあります。意外と強みが多いとか、強みと弱みが類似していて認識が矛盾しているなど……。そんなことに気づけるのも、書いてあるからこそです。

　さて、それではなぜ自分の SWOT 分析をしなければばらないのでしょうか。ここでも why です。

・いまの仕事・部門は自分の強みを発揮できるものか
・ほかにもっと自分の強みを発揮できる仕事・部門はないか
・弱みを改善できる研修等は社内にないか　など

　このような目的でSWOT分析を行ってほしいわけです。本書は、いわばトレーニングの場です。学びを生かしていきましょう。書き出す際にも次の点を意識してください。

・箇条書きで書き出すこと
・視点を大切にすること

　視点ということについて、いくら強み、強みと唱えても、出てきません。仕事で求められる能力・スキル、自己管理能力、語学などの分類を書き出し、自分の強みを発見したり、上司・先輩に褒められたりしたこと、仕事でうまくいったことを思い浮かべるなどという方法もあります。いきなり書き始めるのではなく、こうした、いわばフレームを考えたうえで書き出してみましょう。なお、フォーマットに書き込んでいくときには、言葉を選び、できるだけ短い言葉で書き出すようにしてください。

　皆さんの強みはどういう環境下でさらに活かされ、どのような脅威があるとさらに致命的な弱みになるのかなども認識できます。こうしておけば、チャンスを見逃すこともありません。自分にとって機会となることが訪れたら、確実に責めていけばいいわけです。

技39

自己の客観視による自分の見える化

【演習34】（■ビジネスパーソン・■学生）

自分の SWOT 分析をしてみましょう。新たな気づきもあると思います。

〈自己のSWOT分析〉

	プラス要素	マイナス要素
内部環境	Strength（強み）	Weakness（弱み）
外部環境	Opportunity（強みを生かせる機会）	Threat（弱みが影響する脅威）

2 よい行動を習慣化する
―習慣化したことは苦にならない―

よい行動や必要なことを習慣化できる

Ⓧ すぐに着手する人　VS　Ⓨ すぐに面倒くさがる人

面倒なことをやるか・やらないか、向き合うか・逃げるか、実はこの差だけである

　学生と接していて、「学力ってなんだ」と考えさせられることがあります。あくまで私の経験として受け止めてください。学力の高い学生は、すぐにメモをとり、課題も忘れることはありません。一方、学力の乏しい学生は、先週の配付資料を出したり、来週持ってきてほしい課題をメモしたりすることを大変面倒くさがります。何が言いたいかと申しますと、**学力の差は、面倒くさがるという習慣の差とほぼ一致しているということです**。勉強は、何かを調べたり、読んだり、覚えたり、書いたりと、いわば面倒なことの連続です。書くためには、科目ごとに整理されたノートがあり、それを取り出し、書いていくわけです。科目ごとのノートのファイリング、課題の提出日の手帳への記入など、いわば面倒くさいことの連続です。一般的に自分が面倒くさいと思うことは誰にとっても面倒なことです。つまり、その面倒なことをやるか・やらないか、向き合うか・逃げるか、実はこの差だけなのではないでしょうか。

私は以前にもお話ししたとおり、手帳に自分を管理してもらっています。書いたらそれにしたがい、その時間にその仕事をやるだけです。

　皆さんにお願いしたいことは、こうした面倒なことにどのように取り組むのか、早く自分のルールを決め、それを習慣化していってほしいのです。習慣になっていることは年をとっても苦になりません。ぜひ20代のうちに、よい習慣をたくさん身につけてほしいのです。これまでの思考・行動習慣を見える化してみてください。そして、改善すべき思考・行動は、いつまでに、どのように改善するのでしょうか。あわせてそこまで考えてみてください。

　学生が就職活動で面白い面接を受けたということで報告に訪れてくれました。ドアをノックし、大学名・学部学科・氏名を名乗り、着席したあとのことです。最初の質問が、ユニークでした。「バックのなかから、スマートフォンを出してください」というものです。この質問の意図、ねらいは、いったいどこにあるのでしょうか。もちろん、企業に問い合わせたわけではありませんから、あくまでも私の憶測ですが、着眼点はこの節に関わることだと思います。つまり、すぐにスマートフォンを出せるかということを見ているものと思います。いつも決められたところに整理して収納していれば、すぐに取り出せます。しかし、バックのなかが雑然としていると、探すのに時間がかかってしまいます。面倒くさがらず、いつも決められた場所にきちんと収納しているのか。そんなところを確認したいのかと思います。

「決める」がキーワード

　時間を決める、ルールを決めるなど、キーワードは、「決める」です。決めたら、やればいいんです。ただ、それだけです。私の場合には、それを手帳に委ね、手帳にやらされているというわけです。

　繰り返しになりますが、早く自分のルールを、「決めて」ください。

技40

面倒くさがらずに行動に移しルール化できる

【演習35】（■ビジネスパーソン・■学生）

以下、2つの設問があります。改善事項を見える化し、期限を決めて取り組んでいきましょう。

〈確立している自分のよい習慣・改善すべき思考・行動〉

よい習慣	改善すべき思考・行動

「改善すべき思考・行動」としてあがったものは、以下に転記のうえ、あわせて改善策を記入し、期限を設定しましょう。

〈改善項目と改善策・期限〉

No.	改善項目	改善策	期限
1			
2			
3			
4			
5			
6			
7			
8			
9			
10			

3 | 10年後を想像する
―中長期のキャリア形成を意識する―

Ⓧ 夢やビジョンを語れる人　VS　Ⓨ 成り行き、人任せな人

5	4	3	2	1
Xに近い	どちらか というと Xに近い	どちらとも いえない	どちらか というと Yに近い	Yに近い

AIとの差別化を考える

　ここで考えておいてほしいことは、いまの皆さんにとって、AI（人工知能）の発展は、機会か、それとも脅威かということです。

　野村総合研究所は、2015年12月、「日本の労働人口の49%が人工知能、ロボット等で代替可能となる」というレポートを発表されています。さらにそのなかで、「参考」としながらも、AIによる代替可能性の高い職業、代替可能性の低い職業を、それぞれ100種発表しています。

　AI（人工知能）の発展が自分の仕事にとって、大きな脅威となるなら、自分はどのようにロボット等との差別化をはかるかを考えてほしいわけです。また、機会となるなら、いかに競合他社より先行できるかを考えてほしいわけです。これは決して皆さんを不安視させるために取りあげたわけではありません。ロボットとの差別化を考えてほしいからです。皆さんの仕事や事業において、ロボット等よりも皆さんが勝てる、もしくはお客様により高い満足をいただける場面はどこですか。

10年後を考える

　また、もうひとつの視点として、10年後の自分のキャリア形成を考え
てほしいということです。では、なぜ10年後にこだわっているかという
ことです。

　厚生労働省「平成29年　我が国の人口動態」によれば、平均初婚年齢
は男性31.1歳、女性29.4歳、第1子の平均出産年齢は女性30.7歳です。
新入社員の方なら、大学卒業後10年として32歳、短大卒業後10年とし
て30歳、いずれにしても、30歳前後という年齢は子育てなどでお金の必
要な時期です。その時期に経済的にも精神的にも安定した暮らしをおくっ
てほしいという理由で10年後の幸せです。もちろん家族形態も多様化す
るなかで、結婚、出産ということが標準にはなりにくくなっていることも
否めませんが、ひとつ30歳という年齢は大事な節目だと思います。

　卒業した学生から転職相談を受けるとき、これをひとつの判断基準にし
ています。辞めたいという会社にいて、10年後に幸せかどうか。

技41

仮説・検証を繰り返す

【演習36】（■ビジネスパーソン・■学生）

　担当業務をすべて書き出し、AI による代替可能性の高い業務、代替可能性の低い業務に分けてみましょう。なお、学生の方は、〈10年後のキャリア形成に向けて〉より取り組んでください。

AI による代替可能性の高い業務	AI による代替可能性の低い業務

〈10年後のキャリア形成に向けて〉

項目	内容
10年後、どのような仕事をしていたいか	
ロールモデルはいるか	
10年後の自分に向かって努力していること	

〈10年後の自分への手紙〉
　10年後の自分に手紙を書いておきましょう。書いたら封印し、机の引き出しに入れておいてください。たぶん、自分への約束事や、なりたい自分を書いた方が多いと思います。それを机の中に入れておくだけで、意外と変わりますよ。意識が変わり、覚悟もできます。試してみてください。こちらは、下書き、メモなどに使ってください。

4 世界中の幸せをデザインする
―世界標準で語る―

ゴール

世界中を幸せにする仕組み、システムを考えることができる

X 世界最適で考えられる人　VS　**Y** 自分最適で考える人

5	4	3	2	1
Xに近い	どちらか というと Xに近い	どちらとも いえない	どちらか というと Yに近い	Yに近い

「世界標準」をひとつの尺度に

　できれば読者の若い皆さんと、お会いして普段の仕事のこと、本の感想などをお聴かせいただきたいところです。普段学生の皆さんから学ぶことも多く、面倒くさいと感じること、コストパフォーマンスを想像以上に気にしていることなどは、まさに学生に教えてもらったことです。私からの一方的な説明や、ときには愚痴もありましたが、最後までお付き合いいただきましたこと、心より御礼申しあげます。そして、さらにお願い事です。

　小さくまとまらないでほしいということです。もう日本だけで勝負する時代ではありません。皆さんには、世界中を幸せにする仕組みを考えてほしいのです。自分、自部門、自社、自国だけの幸せではなく、グローバルな視点からの商品・サービス開発に務め、「世界最適」を目指してほしいのです。名付けて、Global Happiness Design（グローバルハピネスデザイン）、これを皆さんの仕事標準に位置付けてほしいと思います。

　歩みなど遅くとも構いません。大切なことは、皆さんがどちらを向いているかということです。自分最適、自部門最適に焦点してしまっているのか、世

界最適を目指した思考をとっているのかということです。

　そのためにも、いまの国内業界の課題に止まらず、業界に関わる世界中の課題を調査し、世界中のお客様を大切にしてほしいと思います。読書などの情報インプットと丁寧な観察、why という思考、こうしたことを早めに習慣化し、世界最適的な思考を獲得してください。

　イギリスの哲学者フランシス・ベーコンは、「知は力なり」（Knowledge is Power）という有名な言葉を残しています。知識には、人類を前進させ、未来を変える力があります。ここで学んだ思考を武器に、思慮深く生きてください。

技42

これまでの学びを習慣化する

【演習37】（■ビジネスパーソン・■学生）

　最後は、振り返りのお願いです。本書を通して、得たこと、気づいたことなどを整理してみましょう。その際は、ぜひ表を用いて箇条書きでお願いいたします。

第8章　まとめ

　さて、最後までお疲れさまでした。最後は課題が多く、面倒だったかもしれまが、計画的に進められましたでしょうか。

　ここでは、自分の強み・弱みを見える化し、AI（人工知能）等の進展にも対処できる強いジブンをつくるシーンです。

　特別なことはお願いしていません。自分がもっとも活躍できる場を探しつつ、AIに負けない居場所をつくるというものです。

　10年後の世界を予測しながら、中長期のキャリア形成を考えてみてください。そのときも、「世界最適」になっているかどうかをひとつの指標としてください。

　最後に、「習慣化」に関するお願いです。よい思考・行動を、1つでも多く、習慣化していきましょう。

チェックリスト

※）①……内容を理解した、②実践した、③技が定着した、④習慣化できた

	チェック	ゴール	技
8-1	①☐ ②☐ ③☐ ④☐	自分の強み・弱みを知ったうえで、仕事に取り組むことができる	自己の客観視による自分の見える化
8-2	①☐ ②☐ ③☐ ④☐	よい行動や必要なことを習慣化できる	面倒くさがらずに行動に移しルール化できる
8-3	①☐ ②☐ ③☐ ④☐	10年後の社会を予測し、自分の強みを生かしたキャリア形成を描くことができる	仮説・検証を繰り返す
8-4	①☐ ②☐ ③☐ ④☐	世界中を幸せにする仕組み、システムを考えることができる	これまでの学びを習慣化する

〈自己評価一覧表〉

	X	5. Xに 近い	4. どちら かとい うとX に近い	3. どちら ともい えない	2. どちら かとい うとY に近い	1. Yに 近い	Y
1-1	レポート課題をすべて汲める人						レポート課題を漏らしてしまう人
1-2	必要な資料を30秒で出せる人						必要な資料を出すのに3分かかる人
1-3	記入漏れなし						3ヶ所の記入漏れ
1-4	質問等の出ない案内ができる人						ツッコミどころ満載の案内を出してしまう人
1-5	タスクを分解して計画的に取り組んでいる人						成り行きで取り組んでいる人
1-6	語尾を大きな声で説明する人						語尾をルーズに説明する人
2-1	小さくたたんで捨てる人						投げるように捨てる人
2-2	小さな約束でもきちんと守れる人						小さな約束をルーズにしてしまう人
2-3	配付資料について速やかに回していける人						まったく全体進行を意識していない人
2-4	相手の立場を理解し、接している人						お金を払っているんだから当たり前だと思っている人
2-5	誰に対しても敬意をもって接する人						相手の身分・立場により対応を変える人
2-6	鷹揚にいいところを見つけ信頼関係を築こうとする姿勢のある人						すぐに使えないとか悪口・陰口を言う人
3-1	挨拶の意味を理解している人						挨拶の意味をわかっていない人
3-2	相手の求めている水準を意識し、観察や情報収集ができる人						相手の求めている水準をまったく意識しない人

3-3	頷きながら、自分の意思・理解度等を表現できる人						下を向いていて何を考えているのかわからない人
3-4	相手の発言、文脈を踏まえ、質問したり意見を言える人						相手の発言、会話の文脈を意識せず、自分の言いたいことを話す人
3-5	先生、お時間ありますか						先生、13時30分からお願いします
4-1	店舗見学に行き、予め準備してきた視点に基づいて気づきを書き出せる人						表層的なことにしか気づけない人
4-2	とりあえず拙い意見でも発信する人						聴いているだけの人
4-3	自分の工夫や配慮が足りないと考える人						相手が悪いと考える人
4-4	先生、○○について、△△と考えているのですが、いかがですか						先生、〜がわかりません
4-5	困っていることを見つけ、自分にできる支援に着手する人						ボランティアに行くことが目的になっている人
4-6	メンバーの力量を見立て、目的・ゴールを説明しながらファシリテートできる人						役割分担を決めたらあとは指示を出すだけの人
5-1	メールと電話を活用できる人						1時間後の予定変更をメールで対応する人
5-2	簡潔に話せる人						思ったことをそのまま話す人
5-3	渋谷駅ヒカリエ前、19時集合、雨の場合は中で、遅れる人は私にLINEで						渋谷に19時ね
5-4	受け止められる人						露骨に不快感が顔に出る人

5-5	とにかくいったん返信できる人					メール返信が日をまたぐ人
6-1	社会情勢の変化、観察による気づきを反映できる人					単純な対策しか打てない人
6-2	自分の行動を因果をもって説明できる人					感覚的、もしくは何かの引用などでしか説明できない人
6-3	ランチは？忙しいから近いところ、今日の夕食と被らないものなど、考えられる人					なんでもいいよ
6-4	相手の立場を察し話し合いに臨める人					自分の主張を通すことが正義だと思っている人
6-5	欧米では〇〇などの具体策がとられている。我が国でも……（具体性がある）					平和的解決が必要、少子高齢化の対策が急務である（一般論に終始している）
7-1	目標を設定し進める人					場当たり的に走る人
7-2	楽しみを作ってメリハリのある人					楽しめない人
7-3	間に合う人					間に合わない人
7-4	コピーを、配付する人への重要な情報共有を担っていると考えられる人					コピーを雑用と思う人
7-5	本気で頑張り失敗する人					中途半端な失敗をする人
8-1	自分の強み・弱みをわかっている人					自分のことがわかっていない人
8-2	すぐに着手する人					すぐに面倒くさがる人
8-3	夢やビジョンを語れる人					成り行き、人任せな人
8-4	世界最適で考えられる人					自分最適で考える人

おわりに――考え方は変わったか

求められる主語の転換

　最後までお付き合いいただき、ありがとうございました。読んでは、考えさせられて演習に取り組み、大変だったと思います。最後まで根気よく取り組んでいただいたこと、心より御礼申しあげます。そして、お疲れさまでした。

　私が、この本を通して読者の皆さんに提供しなければならないことは、社会人としての「一生モノ」の考え方を身につけていただき、それぞれの職場にて実践・活用しながら、一連の思考・行動を習慣化してもらうということです。これが本書のゴールですから、演習にも取り組んでいただいたわけです。

　そして、学生の皆さんには、社会人に求められる思考・行動・意識を学び、学生標準、主語が私（I）の状態（自分基準）から、私たち（We）の状態（社会人基準）へと change していただきたかったわけです。

　学生時代は自分の成長を目的として過ごせばよかったわけです。しかし、社会人になると自分の成長からお客様の価値貢献へと、主語の転換が求められるわけです。自分（I）から、お客様やメンバーを含む私たち（We）へと change していかなければなりません。自分の成長だけを考える存在から、お客様の利益を最優先とした思考へと変わっていかなければならないわけです。そして、本書ではそうした社会人基準の考え方を学んでいただきました。

「知識メタボ」に気をつけよう

　いずれにしても考え方を学んでほしいわけです。決して知識をインプットしてほしいわけではありません。皮肉なことに知識が増えると、思考が低下することがあります。知識が邪魔をするわけです。こうしたいわば、「知識メタボ」にはならないでほしいのです。確かに、思考・行動のコツはお

伝えしましたが、それは考え方を変えていただいたり、考えたりするための武器として、授けているに過ぎません。

　そして、実践・活用に移し、失敗を重ね、独自のコツを掴んでいただきたいのです。だから、たくさんの演習にもチャレンジしていただきました。「失敗力」（失敗する力）を鍛えてほしいのです。そのときに大切なコツは、スモールスタートです。とりあえず、完璧ではなくても、走り始めることです。教養がつくと、どうしても完璧を求め、スタートも遅れがちです。でも、どんな事業でも失敗はつきものです。100%を目指して他社に出遅れるよりも、とりあえずスタートしてしまうほうが大事です。スモールスタートで仕事を前に進めてください。その向かうべきベクトルが、お客様のほうを向いてさえいれば大きな失敗にはなりません。

学びに求められるのは、「必要性の理解」と「目標の設定」

　これまでの学校での学習は何かを覚えること（知識の修得）、そしてその覚えたことを使って問題を解く（知識の定着化）ということが中心でした。しかし、社会人の学習では、どれだけ知識があっても評価されません。それらを活用し、仕事を前に進めることが求められます。

　私は恥ずかしながら、学生時代、優等生でも成績優秀者でもありませんでした。成績は中の上といったところでした。多くの学生がこれまでの勉強はつまらなかったと言います。それでは、なぜ学校の勉強ってつまらないのでしょうか。それは、必要性の理解、目標の有無に関わっていると思います。どんな場面で役立つか、どんな問題解決に応用できるのかといったことがわかれば、もっと学習へのモチベーションも高まるでしょう。また、自分のキャリア形成を踏まえ、自分が就こうとしている仕事には絶対に不可欠であるということがわかれば、もっと楽しく学べることでしょう。目標があり、それと紐づけられれば学びはもっと身近なものになると思います。

　学生の学びを見ていると、「教室」で完結してしまっているように思います。とりあえず授業を聴いて、それは試験で発揮する。しかし、学んだ

ことを教室外でどのように発揮するかといったことはあまり考えていないように思います。しかし、学習の目的は教室外での活用のはずです。

　私の専門はキャリア教育です。その文脈からいえば、学校教育のなかで漠然としたものでも、将来就きたい仕事とそれぞれの科目についての必要性、具体的な活用場面を考えさせたうえで、自ら目標を設定し、学びをスタートさせるべきだと思います。冷静に考えると、目標もなく、これだけのことを覚えさせることのほうがむしろ乱暴なような気がしてなりません。部下だって目標や目的も伝えずに仕事を依頼しても、モチベーションもあがりません。

　年度当初に目標や就きたい仕事を考え、そのうえで、それぞれの科目がどのようなシーンで使われるかを考えるだけでも、学びへの意識は随分と変わってくると思います。そして、目標なんて毎年変わってもいいわけです。そうすると、「学ぶ」がもっと身近なものとなり、教室外に解放されるはずです。

　私も本書を執筆し、若きビジネスパーソンや学生の皆さんに「一生モノ」の考え方を授けるという目標を設定したら、新たな気づきがありました。私は教えているのではなく、本書で取りあげたようなことを、むしろ学生の皆さんから教えてもらっているということです。

　読者の皆さんには仕事における目標との関連のなかで、それぞれのコツを考えていただきたいと思います。

　1つでも多くのよい思考・行動を習慣化してください。スモールスタートを合言葉に……。

　なお、本書が出版されるきっかけとなったのは、普段の学生指導から気づいたことを整理したコンピテンシーリスト、「成長するためのコツ121」をご覧いただいたダンコンサルティング株式会社代表取締役塩見哲様のご推薦があってのことです。塩見様とのミーティングがなければ本書は日の目を見ることがなかったと思います。この場をお借りして御礼申しあげます。

《著者紹介》

天川 勝志（あまかわ かつし）

聖徳大学 聖徳ラーニングデザインセンター 講師、成蹊大学 教養カリキュラム非常勤講師

青山学院大学大学院法学研究科公法専攻博士前期課程修了。1990 年、社団法人日本能率協会（分社後は株式会社日本能率協会マネジメントセンター）に入職。20 年に渡り、ビジネスパーソン向けの教材・プログラム開発、講師の育成等に従事。その後、独立し 2011 年、株式会社ナレッジ・ジャパン取締役として、代表の松澤宏一氏とともに、研修事業を展開。同年、株式会社インテリジェンス（現・パーソルキャリア株式会社）に入社し、大学のキャリア教育、就職支援、および若年未就職者支援事業に従事。

現在はキャリア教育のなかでも、特に高校から大学、大学から社会・仕事への接続など、移行時の円滑な接続に向けての支援、研究に取り組んでいる。

2018 年 3 月 10 日　初版第一刷発行

あなたと働きたいと言われる 42 のルール

© 著 者　　天 川 勝 志

　　発行者　　脇 坂 康 弘

〒 113-0033 東京都文京区本郷 3-38-1
本郷信徳ビル 3F
発行所　　株式
　　　　　会社 同 友 館
TEL 03（3813）3966　FAX 03（3818）2774
http://www.doyukan.co.jp/

乱丁・落丁はお取り替えいたします　　　●印刷　萩原印刷　●製本　松村製本所

ISBN 978-4-496-05348-1

Printed in Japan